Uncle John's

BATHROOM PUZZLER

WORD SEARCH

PORTABLE
PRESS

Bathroom Readers' Institute
San Diego, California, and Ashland, Oregon

Uncle John's Bathroom Puzzler
Word Search

Some of the puzzles included in this work were taken from
Uncle John's Bathroom Reader Puzzle Books 1–4.

For information, write The Bathroom Readers' Institute
P.O. Box 1117, Ashland, OR 97520
E-mail: mail@bathroomreader.com

ISBN 13: 978-1-59223-883-5
ISBN 10: 1-59223-883-1

Printed in the United States
Third printing: October 2010

10 11 12 13 14   10 9 8 7 6 5 4 3

THANK YOU!

The Bathroom Readers' Institute sincerely
thanks the following people whose advice, assistance,
and hard work made this book possible.

Gordon Javna
JoAnn Padgett
Melinda Allman
Amy Miller
Julia Papps
Myles Callum
Jennifer Payne
Rob Davis
Angela Kern
Bonnie Vandewater
Brian Boone
Dan Mansfield
Stephanie Spadaccini
Erin Corbin
Sydney Stanley
Laurel Graziano
Monica Maestas
Lisa Meyers
Ginger Winters
Noah Webster
Pythagoras

A WORD TO
THE WORDY...

One of our favorite pastimes at the Bathroom Readers' Institute is doing puzzles...not just any puzzles—we love word searches. "There's something so satisfying about finding THE THRONE while on the throne," says Uncle John.

Which got us thinking...where did these puzzles come from, anyway? Here's what we learned: In the world of puzzling, word searches are relatively young. They were born in 1968, when Norman E. Gibat (appropriately from Norman, Oklahoma) sold his first puzzle to *Selenby Digest*, a small publication available in stores around town. When a local teacher reprinted one of those puzzles and sent it to a friend out of state, the word search moved into the mainstream.

HIP, HIP...HURRAH!

So in honor of puzzlers everywhere, we put together this collection of word searches. Most are new, but some are favorites from our previous puzzle books. Some are traditional, some are shaped, and others hold hidden messages or answers.

You might also want to search the bottoms of the pages. We've included other types of puzzles in the running feet (those facts at the bottom of the page): scrambled facts, puzzled proverbs, silly riddles, and wordplay games. If you run across a cryptogram, here's how to solve it:

> The encrypted facts and quotes use simple letter substitution.
> For instance, if we encoded UNCLE JOHN, he might end up
> looking like BRJAQ TLPR, where U = B, N = R, and so on.
> The letter substitutions remain constant throughout any one
> cryptogram, but they change from one cryptogram to the next.

Haydn's Symphony No. 47 in G, nicknamed "The Palindrome," contains a musical palindrome.

More hints...

1. A lot of words end in E, S, Y, R, and D.
2. A single letter is usually an A or I.
3. Look for words that begin with the same two-letter combinations—those letters might stand for TH, as in THE, THAT, THEY, and so on.
4. An asterisk (*) denotes proper nouns and capitalized terms.

Happy searching, and as always,
go with the flow...

—Uncle John and the BRI Staff

* * *

"Man invented language to satisfy
his deep need to complain."
—Lily Tomlin

Psst: *Ej, *CPC! (¡woʍ 'ıH)

OUR THRONE ROOM

*Are you privy to Uncle John's favorite facility? See if you can find
the terms in this outhouse-shaped grid. (Answers on page 221)*

CAN
COMMODE
CRAPPER
FACILITIES
HEAD

JOHN
LIBRARY
LOO
POTTY
PRIVY

STOOL
THRONE ROOM
TOILET
WATER CLOSET

```
                J
              O I W
              H Y I R O
            N E Z V T H R
          Y R A R B I L E O
        M N F D A     R P N Y
          W M       K R P
          A O     D N F A
          T O       Q A R
          E R F       C C
          R E E P N I U
          C N D O T L K
          L O O T S I W
          O R M T V T M
          S H M Y L I V
          E T O I L E T
          T D C Y N S Z
```

Scrambled proverb: Dn wswg ss enen iooo. *(No news is good news.)*

TWINKLETOES

What's your favorite way to trip the light fantastic—the stately minuet, jazzy jitterbug, or voluptuous belly dance? They're all here. (Answers on page 222)

ALLEMANDE
BALLROOM
BEBOP
BELLY DANCE
BOLERO
BOOGALOO
BUNNY HUG
CANCAN
CHA CHA
CHARLESTON
COTILLION
FLAMENCO
FOXTROT
HABANERA
HIGHLAND FLING
HOEDOWN
HOOTCHY-KOOTCHY
HORA
HULA
JITTERBUG

LINDY
MALAGUENA
MAMBO
MINUET
MORRIS
POLKA
REEL
ROUND
RUMBA
SAMBA
SARABAND
SHIMMY
SQUARE DANCE
STOMP
TANGO
TAP
TARANTELLA
TURKEY TROT
WALTZ
WATUSI

Lewis Carroll wrote picture-puzzle letters to children he befriended.

```
H G I V T G B X H X L G U B R E T T I J H
H Q U F O X T R O T D I E F C R E E L O R
G C L H Z P L A O O G H D U P U C F E N P
D X I S Y K A T R R S T N M N V V D R M G
G I J H T N C L E T V A A I E X O O Y C O
N K J I U O N M L Y Q R M P C W G T T P Y
W D W M K C M U O E D O E B N N V Q R X G
E Y D M J N H P B K T U L W A T U S I X Z
L H D Y E E I O O R N N L T D W L E Q P C
Z I Y N N M G B O U J D A T E J C D C E G
V A E N I A H E A T Y J A R R N O D A K U
F W N U F L L B H F C Z T L A W A R S H O
U D G F M F A M C L O H N D U T O I A O L
B Y O R A L N Z A U T A Y M Q H R B L V I
U W O N L Q D V H K I L M K S R A A M J E
E M H R A J F N C G L Q E M O N G C W A B
B T O U G X L Z D E L O L M E O K A M H M
K O F M U U I Y B S I B P R O E T N L C A
M B J B E G N H J I O R A B K M B C T J U
Y P L A N U G X A D N A B A R A S A H H A
U M Y C A K R S C H A R L E S T O N I Y A
```

58 different languages are taught in India's schools.

GAMES PEOPLE PLAY

It's your move. There are 58 games, including chess, hidden in the king and queen. After you've found all of them, the leftover letters will reveal a tip on how to change your luck at the table. (Answers on page 221)

BACKGAMMON
BADMINTON
BILLIARDS
BINGO
BLACKJACK
BOCCE
BOGGLE
BRIDGE
BUNCO
CANASTA
CANDY LAND
CAREERS
CATCH
CHARADES
CHECKERS
CHESS
CLUE
CRANIUM
CRIBBAGE
CROQUET

DARTS
ECARTE
EUCHRE
FARO
FRISBEE
GIN RUMMY
HANGMAN
HORSESHOES
JACKS
JENGA
JOKERS WILD
KNOCK RUMMY
LIFE
MAH-JONGG
MANCALA
MARBLES
MILLE BORNES
MONOPOLY
MUSICAL CHAIRS
PACHISI (aka, Parcheesi)

POKER
POOL
QUOITS
REVERSI
RING TOSS
ROOK
ROULETTE
SCRABBLE
SIMON
SKEET
SNOOKER
SOLITAIRE
SORRY
TWENTY
QUESTIONS
TWISTER
WHIST
YAHTZEE

What five-letter word becomes shorter when you add two letters to it? (Short)

```
                                    T O
                                  B O A E
            L T E E               U S R T
            T E G E             E N H K A H
          R S E D B I         E C C O B C F T
          C I K I S H         Q U O I T S A E
          R H S R I U         E R N A W O F J
          T W E B R H         E C C A E P R D
          V O C F             S Y N A
          E G H A K T         O E U T C L
        R G B S N L E H       A G C S Y H V E
        L S A E D T U R     O T G A R Q I S U R
      E N Y C S Y O Q N S   U C N R I U S S R B
      U C C K R L H O E M   A A O T A E I O I I
      L C H G O A T R T A   C R J E H S I L N N
      C R A A H N B C T R   S E H C C T L I A G
      R I R M I D A B E B   S E A R L I O T M O
      U B A M N E F I L L   O R M O A O D A G T
      H B D O R R E A U E   T S O R C N E I N T
      I A E N D E C G O S   G P D M I S N R A E
      B G S A S K A N R N   N S D W S R A E H L
P O K E R K J O K E R S W I L D M U I N A R C R O
E E Z T H A Y O U J N S O R R Y M M U R K C O N K
D I S T C S E N R O B E L L I M A N C A L A T H R
E E T K R E T S I W T I M E Y L O P O N O M I S S
```

In the game antichess (or suicide chess), the object is to get all your pieces captured.

TURKEY DAY

"May your yams be delicious, your pies take the prize.
May your Thanksgiving dinner stay off your thighs!"
—Author Unknown *(Answers on page 222)*

APPLE PIE
BEANS
BELT LOOSENING
CELEBRATION
CHESTNUTS
CHOPPED CELERY
CORN
CRANBERRY SAUCE
FAMILY
FEAST
FOOD
FOOTBALL
FOURTH THURSDAY
GRACE
GRATITUDE
GRAVY
HARVEST
NOVEMBER
ONIONS
PECAN PIE

PILGRIMS
PLENTY
PLYMOUTH ROCK
PUMPKIN PIE
RAISINS
RELATIVES
REUNION
SAGE
SETTLERS
SQUANTO
SQUASH
STUFFING
SWEET POTATOES
TELEVISION
THANKSGIVING
TOFURKEY
TURNIPS
WALNUTS
WINE
YAMS

Cribbage is derived from the English Tudor game of Noddy.

K B E A N S N O I N O I S I V E L E T N J
G E K P Q A Z Y N Y R F T L Y A G A N B Y
T R M U Q G B E L T L O O S E N I N G I N
G D A T I E F I D M F U C X K F K C G X W
D S O C L E M W K U G R H H S Q U A N T O
H L X O E A A H R D E T E W A D K W I M H
T S A E F J K K S U Q H S B B R D G V S L
B T Z Y O X E U N E M T T H M C V C I W J
S M A Y O Y A I I B D H N T V E Y E G E O
R E V Y T O O M S L A U U Z R L V O S E U
E P P W B N D S I W Q R T E X E A O K T H
W U E I A E E S A H N S S I F B R F N P L
W M C L L B F L R I R D G T T R G Q A O L
U P A N L G N J P E X A N A Y A N X H T T
H K N A X U R S J O L Y X P N T R D T A X
R I P G T F S I R U A T L P Y I H G Z T I
X N I S O Y W P M E A S T L H O F M F O Y
B P E A Z E C U A S Y R R E B N A R C E Z
V I K C O R H T U O M Y L P S Z X L S S Z
R E L A T I V E S T U F F I N G U U V Q H
Y K L A M X F Y C H O P P E D C E L E R Y

The tiny bones in your ears are called *ossicles*.

SPOONERISMS

*Nineteenth-century Oxford professor Dr. William Spooner tripped
over his tongue so many times—saying things like "you've hissed all my
mystery lectures" instead of "you've missed all my history lectures"—that
we now call switching around sounds like that a Spoonerism. Dr. Spooner
died in 1930 (sod rest his goal), but you can honor his memory by taking the
phrases below and finding their 36 Spoonerized counterparts in the grid. For
example, if the phrase "battleships and cruisers" were on the list, you'd be
looking for "cattle ships and bruisers." (If you're having trouble translating,
a list of the Spoonerized phrases is on the answer page. And note: you're
transposing sounds, so the words' spellings may change.)
(Answers on page 223)*

ACE OF SPADES
A SHOT IN THE DARK
BAD MANNERS
BRUSH MY HAT
CARROTS AND PEAS
CRUSHING BLOW
DEAR OLD QUEEN
DOWN TRAIN
EYE OF A NEEDLE
FILL IN THE BLANK
FLAGS HUNG OUT
FLIPPING CHANNELS
FUNNY BONE
HALF-FORMED WISH
HAZELNUT
HEALING THE SICK
IS THE DEAN BUSY
JAILBREAK

JELLY BEANS
JUNK MAIL
LIGHT A FIRE
LOVING SHEPHERD
NOBLE SONS OF TOIL
PACK OF LIES
PICK MY HAT UP
POPCORN
POURING RAIN
POWERBALL
SAVE THE WHALES
SCOUT TROOP
SLIP OF THE TONGUE
STINGRAY
TAKE A SHOWER
THREE-BEAN SALAD
WASTED TWO TERMS
WELL-OILED BICYCLE

Scrambled proverb: T esiah em ncit isvei nant. (A stitch in time saves nine.)

T U S C D C I Z B L U S H I N G C R O W W N K
J G F Y K T H J G D G H P C F F L Q D E L A N
E K A J E L L I A R B W P X I L M U A L U K Y
G B P U F U F A P A F R I G O C R E L L K N P
W T A G H N R O P P O C H A M A W E L B N P O
A L R P V M S I S O I T S A G K P R A O E B O
V D R I S T H E B E A N D I Z Z Y O B I E I C
E B O W E R P A U L A B G W Y B I L E L O L S
T E T T D L E X I G A L T F U N E D N E F L T
H L S K I G A A J N R V I N L T H D E D A I U
E L A E A N R C N I J N N N O A B E C I N N O
S Y N W F U T E K V X Y I N G S N A S C I T R
A G D L O L R H T O P A S A T T M N E I D H T
I E K M E S Q S E H F O E U R E H M E C O E A
L N E O C E R X O S F P H C O D A E R L L F R
S E Y N A H G N Z S H L I I W T N Y H E S L B
L S S K P T E H O N A A I E N W D W T I A A Y
D J D J S F G I L S R U R U S O T F O J C N M
Y C C A G O L B A T W M S K X W A L Y T G K H
K H N I A P G N I R A O R E W O T A E K A H S
N F P L D I Z R H S I F D E M R A W F L A H U
R I N G S T A Y P U C C I H Y M T A P P O J H
Z N L Y Y U I T U O G N U L F S G A H I R G H

England's Longleat hedge maze takes an average of 90 minutes to solve.

MUSIC MAKERS

"Music is enough for a lifetime," said Rachmaninoff, "but a lifetime is not enough for music." (Answers on page 221)

ACCORDION
ALPENHORN
ALTO SAX
BAGPIPES
BANJO
BONGO
BUGLE
CELLO
CHIMES
CLARINET
CORNET
CRESCENT
CYMBALS
DIDGERIDOO
DRUM
DULCIMER
FIDDLE
FLUTE
FRENCH HORN

GONG
GUITAR
HARMONICA
HARP
KAZOO
LUTE
LYRE
MANDOLIN
OBOE
OLIPHANT
ORGAN
PIANO
TROMBONE
TRUMPET
UKULELE
VIOL
VIOLIN
XYLOPHONE
ZITHER

A *code* replaces complete words; a *cipher* substitutes single letters.

```
            L Z V G E
              O P Z
            O N I Q U
              R A V
            B O N G O
              H O M
              N I Q
              E D T
              P R T
              L O L
              A C R
              F C X
        T E N I R A L C U X N
      E D I D G E R I D O O J J
    T E N R O C N E X A S O T L A
    Z O H A R P C T O X L Y A K G
    Q B L Y G L H U Y K A Z O O D
    E O G E B R H L M W B A N J O
      R W N I L O D N A M G V L
        R I A P R L H F Y T L
          L H E N A I S C E
          O M U R D T P C H
        N I O M D F N I H B I
      E C V O L       L U A T M
    B L Z N E         K G N V E
  U U S I S L         U P E T R S
  D N C T F G         L I C S Y G
  B A V H L U W     Q E P S P L E
  U Y L E U B Y R G M H L E E J Q H
    W X R T R O M B O N E S R W M
      K T E P M U R T D X M C D
```

In written English, the most commonly used letters are E, T, and A.

WORD GEOGRAPHY

The eight words hidden in the grid come from all over the planet. Figure out what the words are from the clues about their origins, find them in the grid, and the leftover letters will reveal something you might not know about the origins of another word. (Answers on page 224)

1. In 1516, the city fathers of Venice decreed that all of the city's Jews had to live on the island of Geto. The practice spread throughout Europe, and the Jewish quarters of every city came to be known as a ___.

2. According to the Bible, the ancient people of Babylon once tried to build a mighty tower (the Tower of Babel) to reach the heavens. But God was not happy with this and "confounded the tongues of the people that they might not understand one another's speech." The result provides us with the English word ___, a meaningless confusion of words and sounds.

3. The first was invented in Kocs, Hungary, in the 15th century, and its use quickly spread throughout Europe because it provided cheap transportation for commoners who couldn't afford their own conveyances. A century later, the word ___ became synonymous with English university tutors, apparently because they, too, carried their students along, albeit educationally.

4. In 1602, an Irishman by the name of Cormack McCarthy sweet-talked the British, who had encircled his castle (located in the town this word is named for) into delaying its takeover indefinitely. McCarthy's verbal success subsequently resulted in the term ___, meaning "smooth, flattering talk."

5. In 50 A.D., a city in Germany was founded by the Romans and named Colonia Agrippina (Agrippina's Colony) because it was the birthplace of Agrippina,

```
T T O H E E F I R S
R E Z T L E S C C T
N B N B T A U O G A
T L B O H E A L Y D
E A W A Y C H O S P
B R R R H A O G D U
C N E I D I B N N N
A E U G F A T E U C
K Y C O N F N E C T
I C U T I N 1 9 3 7
```

the wife of the Roman emperor. The name of the city was later shortened to Colonia. And while the German word for the city is now Köln, during its French occupation it was called ___ and gave its name to the perfumed water produced there since 1709.

6. The Spanish seaport of Tarifa, a one-time Roman settlement, was controlled by African pirates during the Moorish occupation of Spain. The Mediterranean pirates forced ships passing through the Straits of Gibraltar to pay duties, a form of blackmail that came to be known as a ___.

7. According to legend, a dagger called a ___ was manufactured in Bayonne, France, in 1490. The name was later used for a knife that is attached to the muzzle of a rifle.

8. A source of naturally sparkling mineral water was found in Niederselters (Lower Selters), Germany, in the mid-18th century. The name for this bubbly water first appeared as Selterser Wasser (Selters water), which was ultimately Anglicized and lowercased to ___.

...A: Mirror writing is also called *palingraphia*.

AT THE STATIONERY STORE

*Got pens? And other things you can find in the office
supply department. (Answers on page 223)*

BINDER
BLOTTER
CALCULATOR
CALENDAR
CHALK
COMPUTER
CORRECTION FLUID
CRAYONS
ENVELOPES
ERASER
FILES
FOLDERS
GLOBE
GLUE
INDEX CARDS
INK
LABELS
MAP
MARKERS
MEMO BOOK

NOTEPADS
PAPER
PAPER CLIPS
PENCIL SHARPENER
PENCILS
PENS
PLANNER
POST-IT NOTES
PUNCH
PUSHPINS
RUBBER BANDS
RULER
SCISSORS
SHREDDER
STAMP PAD
STAPLER
STAPLES
TAPE
TONER
TRIMMER

A lazy monk is called an *abbey-lubber.*

```
D I U L F N O I T C E R R O C S R F U I L
N B K W M F K B R G L E B G C V G F C F F
M O U Y R Z N F D W A N W W W P X M O F D
D R X M T X H J S I J N P B Y P H M M F G
A T A E G I H E L F Q A X T I E R X P S G
P D S D N J P B U U P L A Q M N J V U S D
P W T H N O U Z Z E I P E Q O C D F T P T
M Y O J L E D Z R J E S R T E I O E E S W
A M S E A D L C F N L E E D P L J W R B Y
T E V A S O L A S I M P I C D S T F P L O
S N Y S T I F T C M A P M E I H P C D O Q
E Z S E P F A N I D S U R B I A V T I T J
T K Y S V P E R S D Q S E S H R E N O T Y
O Z H P L P T S S K K P S W W P D M R E C
N R B E U W N V O S D N A B R E B B U R S
T R R N T I S O R E S R R P X N A L A U G
I C C Q P L B C S E U N E C E E J Y N L J
T H H H R O T A L U C L A C D R O S O E U
S G S A M D L I N K Y R G K I N N B J R F
O U P E L K F R E D D E R H S T E J E X X
P A M A R K E R S S T A P L E S L E B A L
```

GREETINGS FROM PLANET EARTH

When NASA launched the twin Voyager 1 and 2 spacecrafts in 1977, it sent along a message containing 115 images, a variety of natural sounds and musical selections from different cultures and eras, and spoken greetings in 55 languages. It may be a long time before the message finds its way into the hands of aliens, but in the meantime, you can find some of the items yourself. First find the 26 sounds and photos listed below. Then read the leftover letters to spell out the message from India that was included in the mission. (Answers on page 224)

The sounds
BIRDS
FIRE
FOOTSTEPS
HYENA
JOHNNY B. GOODE
KISS
LIFT-OFF
(The) MAGIC FLUTE
PULSAR
RAIN
RIVETER
SAWING
SHIPS
SPEECH

SURF
THUNDER
WIND

The photos
AUTO
BIRTH
EARTH
ELEPHANT
NURSING
MOTHER
SEQUOIA
SUPERMARKET
TAJ MAHAL
VIOLIN

```
                S
            W   A   E
            F   W   W
        A   N   I   A   R
        R   N   N   R   T
    L   D   E   G   E   E   H
    A   Y   S   S   I   K   H
    H   N   A   P   P   R   C
    A   U   H   T   R   A   E
    M   R   Y   E   H   M   E
    J   S   J   T   E   R   P
    A   I   O   U   Q   E   S
    T   N   H   L   R   P   E
    N   G   N   F   A   U   F
    A   M   N   C   P   S   F
    H   O   Y   I   U   F   O
    P   T   B   G   L   O   T
  N   E   H   G   A   S   O   F   R
  D   L   E   O   M   A   T   I   I
H   S   E   R   O   Y   R   S   L   V   O
T   H   U   N   D   E   R   T   O   E   U
B   R   I       R   E   E   H   E       T   A   P
P   I   P       Y   F   T   H   P       E   U   E
R   B   S       B   I   R   D   S       R   E   A
```

There are 29 slang terms for "hangover" in Finnish.

UK VS. USA

Sure, we both call it English, but sometimes our British counterparts seem to be speaking a whole different language. We've given you a list of 41 British words; see if you can find their American equivalents in the grid. For example, for "lift" you'll search for "elevator." (The corresponding American words are on the answer page.) Once you've found all the words, the leftover letters will reveal a "humourous" quote. Pip, pip, tally-ho! (Answers on page 225)

ACCUMULATOR
AUBERGINE
BLACK TREACLE
BOBBY
BONNET
BRACES
CANDY FLOSS
CARAVAN
CASH DESK
CATAPULT
CHEMIST
CHIPS
CHUCKER OUT
CUBBYHOLE
DRAUGHTS
FAG
FASCIA PANEL
FRINGE
HOARDING
HOOTER
LAY-BY
LIFT
LORRY
MACKINTOSH
NAPPY
NOUGHT
PANTECHNICON
PATIENCE
PETROL
POLKA DOTS
PUSH CHAIR
SOLICITOR
SPANNER
SPONGE BAG
TORCH
TOWER BLOCK
TRACK
TUBE
VERGE
WAISTCOAT
WING

A female cat is called a *queen*.

```
A N T O H S G N I L S E N Y A W B U S
N R N G C H E C K E R S L E I S A H M
C H E C K O U T C O U N T E R A N N E
V E M P N I T F H F L A S H L I G H T
E I T R A S A T E R I A T I L O S G D
C L R E C I F F O E C I L O P O R A N
H E A L D F D O R N H I M S A N E S O
O S P L R O R D A C C S G S E R Y O R
C E M O U L R V N H D A H A T Y W L B
O S O R G Q G E U F E A N O R U A I B
L S C T G N R E Z R V R S D U E L N A
A A E S I W E O L I F E O H Y L T E T
T L V V S R E D N E P S U S B N D T T
E O O E T E B G R S V T T O I O T E E
C M L I S L K H H U M A A S O R A I R
H I G H R I S E A P A R T M E N T R Y
I O S T T A G F E N D E R O E V O R D
P G O E M R E G G P L A N T R U C K I
S K E D S T A O C N I A R E C N U O B
```

Brides might get *acrohypothermy*—cold feet.

THE WIZARD OF ODDS

Invaluable rule of thumb for poker players: Look around the table and find the victim. If you can't tell who it is, it's you. (Answers on page 226)

ATLANTIC CITY
BACCARAT
BALLY'S
BELLAGIO
BINGO
BLACKJACK
CAESAR'S PALACE
CARDS
CHIPS
CIRCUS CIRCUS
CRAPS
DICE
EXCALIBUR
EYE IN THE SKY
FARO
FLAMINGO
GAMBLING
HARRAH'S
HORSE RACING
HOUSE EDGE

JACKPOT
KENO
LAS VEGAS
LET IT RIDE
LUCK
LUXOR
MAH JONGG
MANDALAY BAY
MGM GRAND
MONTE CARLO
PACHINKO
PAI GOW
POKER
ROULETTE
SAHARA
SECURITY
SIC BO
SLOT MACHINES
TEXAS HOLD'EM
TROPICANA

I J G I H D H R Q F S H O B Q D I U O E L
V L O Z D O Y O E O A K A Q T W S E C D F
X B I U J N N T U D J E X N U W O C N F L
H L E X S T T T I S Y S M P A Y Z A T S S
Z E O L B E O K W C E T R T Q C R L L I Y
E T T L L X N P S B C E I N L G I A U C K
T I M U A A P I K A R I D R M U C P X B S
V T O D C S G M H C M Y T G U K M S O O E
T R N P K H P I Q C A S M N E C R R R R H
C I T B J O O O O A A J R Y A U E A C D T
Q D E A A L T K C R A M A E D L F S I C N
Y E C L C D U N T A U B T G K B T E R H I
P W A L K E I I E T Y R M O A O J A C I E
E Q R Y Q M V H W A F F K Q L M P C U P Y
O L L S D R A C L A S V E G A S B J S S E
Z H O R S E R A C I N G E H A Q W L C C B
A L O D W N D P E F B I J H H O G N I B E
E I Z R Q N U U P I A O A B G N E D R N M
P E X C A L I B U R N R Q I N E O R C I G
F L A M I N G O G G A B A A B K R O U Z S
A H B U G M F R G K R P H A R R A H S N Y

The word "acrostic" is from a Greek word meaning "end row."

WORD ROW

*If you can find every palindrome from this batch, feel free to
shout "Yay!" in either direction! (Answers on page 226)*

A GAS SAGA
A PAPA
ABBA
AIR AN ARIA
AMORAL AROMA
ANNA
AVA
BAH, AHAB!
BIB
BOSSES SOB
CORA SEES A ROC
DAFT FAD
DIAL AID
DUD
DUMP MUD
ED IS ON NO SIDE
ELLE
GO DOG
HANNAH
KOOK
LAP PAL
LIL
MADAM

NAN
NAOMI, DID I MOAN?
NO, SON
NOON
OTTO
PARTY TRAP
PA'S A SAP
PAST A FAT SAP
POP
RADAR
REFER
REPAPER
ROY, AM I MAYOR?
SAD I'M MIDAS
SEX AT NOON TAXES
SIS
SOLO GIGOLOS
SPIT Q-TIPS
STATS
SUE US
TENET
WONTONS? NOT NOW

Duh: Alphabetology is the study of alphabets.

```
E  S  R  J  N  I  P  A  V  F  I  H  O  Y  T  G  J  S  V  A  Y
B  O  S  S  E  S  S  O  B  C  K  S  S  Z  Z  N  W  E  A  F  H
W  L  C  I  H  P  D  I  A  L  A  I  D  E  O  A  T  D  N  F  O
G  O  K  O  W  O  N  T  O  N  S  N  O  T  N  O  W  I  S  U  D
P  G  Y  J  R  B  X  R  N  O  S  O  N  R  K  M  F  S  A  Y  W
A  I  R  A  N  A  R  I  A  C  N  J  E  A  I  I  G  O  D  O  G
R  G  G  T  A  H  S  O  T  G  L  P  O  P  O  D  M  N  I  B  R
T  O  P  V  T  A  T  E  Z  H  A  N  N  A  H  I  F  N  M  C  I
Y  L  W  X  G  H  R  P  E  P  P  S  Q  B  L  D  J  O  M  N  A
T  O  K  C  B  A  K  I  E  S  P  J  S  B  B  I  B  S  I  L  V
R  S  X  J  U  B  H  R  S  O  A  M  N  A  N  M  L  I  D  D  Z
A  J  B  T  R  A  M  T  T  R  L  R  M  C  G  O  Q  D  A  U  M
P  S  U  E  U  S  E  X  A  T  N  O  O  N  T  A  X  E  S  A  D
Z  P  L  C  R  N  E  D  T  Z  R  K  D  C  V  N  P  P  D  Y  Q
E  I  P  F  E  K  A  L  S  A  R  O  Y  A  M  I  M  A  Y  O  R
A  T  S  T  F  R  W  R  L  K  S  O  Y  P  F  K  M  S  P  P  F
O  Q  W  M  E  O  K  A  L  E  E  K  Z  O  T  T  O  A  F  A  V
Z  T  B  S  R  M  R  Y  H  R  S  H  O  I  V  D  F  S  N  Q  H
D  I  H  O  R  O  R  U  P  A  S  T  A  F  A  T  S  A  P  F  T
P  P  D  U  M  P  M  U  D  J  J  D  S  F  A  B  P  P  D  W  E
E  S  X  A  P  O  F  I  Q  Z  R  W  R  A  P  C  Q  V  R  W  D
```

The word *allusion* once meant "a play on words," or a pun.

AUSTRALIA

G'day, mate! We got yer billabong, yer outback, yer Waltzing Matilda.
See what else you can find Down Under. (Answers on page 224)

ABORIGINES
AUSSIES
AYERS ROCK
BILLABONG
BOOMERANG
CANBERRA
COOLIBAH TREE
CRICKET
DARWIN
DINGO
DOWN UNDER
EMU
G'DAY MATE
GREAT BARRIER REEF
JUMBUCK
KANGAROO
KOALA

NEW SOUTH WALES
OPERA HOUSE
OUTBACK
OZ
PLATYPUS
QUEENSLAND
RABBIT PROOF FENCE
RUGBY
SHRIMP ON THE BARBIE
SYDNEY
THE DREAMTIME
TUCKER BAG
VICTORIA
WALKABOUT
WALTZING MATILDA
WHALE RIDER
WOMBAT

```
                  S Y B                 W
                H B S T N               E
            K   Y G E M E           E   C
          D D C U U K A X N         J N E
        S O R R I W L F I W I         G E E S
      E W Q K I D A R W I N O G E E F R E
      N J Y I C O I A I R O T C I V F T I
    J U M B U C K C O R S R E Y A B R O H S R
  N D N F E E R R E I R R A B T A E R G O A S C K
O M D T C A D L I T A M G N I Z T L A W R B U R N
Q U E E N S L A N D P B N P P V O S T B T P I A R W E
G R E B Q J W B I L L A B O N G S O R E O T L Y G H P
H T U C K E R B A G K A D I B I D S U H D I O T N A N T
  G D A Y M A T E M I T M A E R D E H T J B O U A L P Y
  I Y E N D Y S E L A W H T U O S W E N B B C O R E C C
    P P I P N B W B E S U O H A R E P O C A N B E R R A
    T X U Z Y P M Q S       T F G D C P P R C A M I Q Y
      S Y Y B O Z           C V V U M E J X K O D K
      N G Q W E           O   T D I N G O L O E
      H T G                 W E R A B L A B R
                            S H H T O W Q
                            S X C P E
```

Puzzle Extra: 9= P. in the S. S. What is it? (9 Planets in the Solar System)

CROCODILE TEARS AND RABBIT EARS

*We're as happy as clams to offer up 24
animal metaphors. (Answers on page 226)*

BIRD BRAIN
BUSY AS A BEE
CAT'S PAJAMAS
CLOTHES HORSE
CROCODILE TEARS
CROWS FEET
DARK HORSE
DOG TAGS
EAGER BEAVERS
HAPPY AS A CLAM
HOG THE ROAD
HOLY MACKEREL
HORSING AROUND

JUDAS GOAT
KILLER BEES
MAD AS A WET HEN
MY GOOSE IS COOKED
NONE OF YOUR
BEESWAX
PUT ON THE DOG
RABBIT EARS
SCAREDY CAT
SLY AS A FOX
SNAKE EYES
TURTLE NECK

Forming new words by combining other words is called ***agglutination.***

```
P C K J N U T A C Y D E R A C S D M O T D
L T Y S R A E T E L I D O C O R C I P Y E
B B I R D B R A I N A E D Q I E T V M K K
N W E V A Y Z K I O S F N T Y V D R S L O
X R Y S I B Z R R C A O U W Y A L I V Q O
Q L F C R R B E I E S R O H S E H T O L C
Y Z N G O O H I S G T V R Q T B W V B T S
L G S A G T H M T L U M A B E R A D O Z I
E M H X G E P K E E A U G U E E K A E I E
R G R O S G L N R L A V N S F G P N J T S
E E H Z P C E K C A W R I Y S A U G K N O
K H Q F V C Z A M A D A S A W E T H E N O
C T U V K O S Y V O H N R S O K O I G M G
A E D E K A P L G K A L O A R K N D F D Y
M F R B Y A E T Y K J S H B C V T U G N M
Y V Q P G H A W E A H Z A E I W H R E L N
L Y P J K G E E H O S S E E B R E L L I K
O A E M S Q Y X G A T A O G S A D U J Y I
H X A W S E E B R U O Y F O E N O N X T D
G C A T S P A J A M A S V O E T G R B F U
H P U C U G T W I L P I R C X U W U X I L
```

Chess as we know it is unchanged since the 15th century.

WHAT HANDICAP?

Here are 28 people who didn't let their disabilities stand in the way of their achievements, just like you won't let a bunch of extraneous letters keep you from finding their names in this grid. Note: Only the capitalized names and parts of names are included. (Answers on page 227)

Ludwig van BEETHOVEN (continued to compose after going deaf)

Elizabeth Barrett BROWNING (childhood spinal injury and lung ailment)

Julius CAESAR (epilepsy)

TRUMAN CAPOTE (epilepsy)

AGATHA CHRISTIE (epilepsy)

Charles DICKENS (epilepsy)

Thomas EDISON (progressively worsening hearing difficulties)

Albert EINSTEIN (unable to speak until the age of three)

HANNIBAL (epilepsy)

JOAN OF ARC (narcolepsy)

General Philip KEARNEY (one-armed Civil War general)

HELEN KELLER (blind and deaf)

DOROTHEA LANGE (contracted polio at age seven)

Edward LEAR (epilepsy)

JOHN MILTON (wrote *Paradise Lost* after going blind)

Lord Horatio NELSON (lost one eye and an arm)

Alfred NOBEL (epilepsy)

Blaise PASCAL (epilepsy)

SAINT PAUL the Apostle (epilepsy)

ALEXANDER POPE (hunchback)

WILEY POST (made the first solo flight around the world despite having only one eye)

Franklin Delano ROOSEVELT (lost the use of his legs to polio)

SOCRATES (epilepsy)

Charles STEINMETZ (engineer, genius, and hunchback)

Harriet TUBMAN (narcolepsy)

Vincent VAN GOGH (epilepsy)

Josiah WEDGWOOD (lost his right leg to smallpox)

Woodrow WILSON (dyslexic)

What is a palindromic airplane spotter? (Radar)

```
A F M Q E I N S T E I N D Q D A
P F S N T N O S I D E N O T G C
A G D V O Z Z L A B I N N A H D
S L U A P T N I A S O C T Z W W
C Z W N A E L G F S N H K I K I
A H V G C M B I L A A N L E Y P
L E B O N N X I M C S E T S N W
S L D G A I W B H N Y L J E C S
I E O H M E U R A P H S V T M Y
Y N O Y U T I J O A N O F A R C
E K W T R S D S Y M H N J R U A
N E G P T H T J C T L K I C D E
R L D I T L E V E S O O R O T S
A L E X A N D E R P O P E S J A
E E W A V N B R O W N I N G H R
K R D O R O T H E A L A N G E P
```

Yahtzee traces its roots to dice games like Puerto Rican Generala and English Poker.

GOING OFF
THE DEEP END

*Feeling dippy? Plunge into this kidney-shaped pool and find
the swimming-related terms. (Answers on page 228)*

BACKSTROKE
BATHING
BIKINI
BUTTERFLY
CARDS
CHAIR
CHAISE LOUNGE
CHLORINE
COLD
CRAWL
DEEP
DIP
DIVE
DIVING BOARD
DRAIN
FENCE
FIGURE
FLOAT
GUEST
LADDER

LIFEGUARD
LOTION
PARTY
RAFT
SHALLOW END
SHOWER
SLIDE
SNORKEL
SPLASH
STROKE
SUNTAN
SUNSHINE
SWIMSUIT
TOWELS
TRUNKS
TUBE
UMBRELLA
WADE
WATER

Agathokakological means "made of good and evil."

```
            B S V F L S
          S P L A S H E K V P
        T E R I A H C P V N F J E
      M L A D D E R H K A U C W K E
      R D N E W O L L A H S R A E V I D
    B N D R A I N I K I B U T T E R F L Y
    A I T I U S M I W S D E S R Y D O O X
    I Q C H L O R I N E R N E E O T A C P
V C R F D C R M M B L A I U W I K A W C
I A L L E R B M U S O O H G O X R E S
B W T Q N K A T C L U B S N H D Q
J A Q T I Q E U T Y N G N A S
D K T U F J D U G R G N U T
X W O H K A I P Y E E I S N
C V H Y I E R U G I F V N U
  P R L S N O R K E L I R S
  L U P Z L G U W Q O D L W Z
    D D P T U I L W A R C H I V
      Q X S L E W O T L F J V K
        Y M M O E I X M I Z
```

There are 28 letters in the Phoenician alphabet.

CUTTING WORDS

Better "sharpen" your pencil for this one. (Answers on page 227)

ADZE	LANCE
AXE	LOCKBACK
BAYONET	MACHETE
BLADE	OYSTER KNIFE
BOWIE	PARE
BUTCHER KNIFE	PLANE
CARVE	PUUKKO
CHISEL	RAZOR
CLEAVE	SAW
CLIP	SCALPEL
CUTLERY	SCISSORS
DAGGER	SEVER
ENGRAVE	SHAVE
EXCISE	SHEARS
GOUGE	SICKLE
GROOVE	SKINNER
HACKSAW	SLICE
HATCHET	SPLIT
INCISE	STILETTO
JACKKNIFE	SWITCHBLADE
JIGSAW	SWORD
KNIFE	XACTO

Scrambled proverb: Heent faodt faner way vain lirr. (Faint heart never won fair lady.)

```
Y E E E P S I C K L E S M B Q Y J L S S I
N V A C F W H T S A P G G X Z C T R A N H
G J X I Q I B A Y O N E T Q D S A U C A L
B U N L Q T N S V K G M O T T E L I T S P
N B F S B C K K L E P A G V H D S C I T T
S Y L X Z H H I R L X H S S W E H Y J J D
C C Z Y P B Z N A E N G R A V E X C I S E
T U A P B L M N H Z H I S K T H S G E S B
A T K L C A E E X D F C S Q C F S I V S E
U L Y U P D J R F A H S T F P A W I R U M
G E G O I E E C S I Z L M U W O B O A U V
U R A T X G L L S Z N E U T B A S K C I N
K Y A C G I A E F I N K R E T S Y O C I W
H V E A P N L A G B K A K A I S D L R O W
Z T D X C O S V Z O Z P N C P U W X S M L
D C S E V E R E G O U V S L A S E O U S X
J J H E O F D O R G R G I B X J B O R O X
W A S K C A H D O T H T E K E I T F I D O
E H O W L Z X J O T S Y T M B L Y S Z Y U
G S O B F W J B V K P Q L X B J S K X G D
B Z M I M A C H E T E L H N Y W O V R G E
```

Crossword clue: Opposite of mine exit? (Adit)

AUTO PARTS

No wonder that buggy costs so much—look what it needs! (Answers on page 228)

AIR FILTER
ALTERNATOR
ANTENNA
AXLE
BATTERY
BRAKES
BULBS
CARBURETOR
CLUTCH
CV JOINT
DOOR HANDLE
DRIVESHAFT
ENGINE
EXHAUST

FENDER
FLOOR MAT
FUEL INJECTOR
FUEL PUMP
IGNITION
LIGHTS
MIRROR
MUFFLER
OIL FILTER
POWER STEERING
RADIO
RIMS
SEAT BELT
SHOCKS

SPARK PLUGS
STARTER
STEERING RACK
STRUTS
SUSPENSION
TIE RODS
TIMING BELT
TIRES
WATER PUMP
WHEEL HUB
WINDOWS
WIPERS

```
              B A T T E R Y F C C Y G Q R Q
            U Z I B L U K N P M U P L E U F J
          L B R A K E S W O D N I W D D Q S E D
          B X E P U J B U P I E L D N A H R O O D C
      S T R U T S U S U Q O S T A R T E R E L F F U M R F L I W
    S D S G U L P K R A P S W A R A I R F I L T E R R F I Z M H
    K O U K K E B C R G Z F U E L I N J E C T O R E O I Z B C E
    C R A I S B E R O R R I M S R Z G T N L P N A T T X D Z N E
    O E H W M G S S T H G I L F P S I M E T T F D L A V V I R L
    H I X R I N P E E O P M U P R E T A W N A L I I N L G W X H
    S T E E R I N G R A C K G H D P N E F I N C O F R N E E F U
    F L O O R M A T U X Z H C X N S K S E C P A X L E F O M A B
      C V J O I N T B V C T F A H S E V I R D E A I T R N L T
        T X Y R N U              O I L R O L
        P P M A L F              S N N D S A
        L C C T                  Q G G Q
```

A person who is just learning the alphabet is called an *abecedarian*.

HOW DO YOU LIKE THEM APPLES?

Every word can precede or follow the word "apple." (Answers on page 228)

```
            G C D
              I A   R B X U A
              B R A E B U R N
              U   T R E E D
              T
      R B J I   T   T H D C
    G A U Q U O E U V K O I D
  K R I J U F N R I T R C R C I
  C C O O K I N G C P J O A D M
  E I A B P O L I S H E R N J B
    C D N V N A M Y C A E V O L
    H T E D A A D U O T R M J
      R K R Y A A A T H I D
        B L O S S O M C G
          U I R R P X S
```

ADAMS

BAD

BIG   CIDER   FUJI

BLOSSOM   COOKING   JACK

BRAEBURN   CORE   JUICE

BUTTER   CORPS   LOVE

CANDY   CRAB   MAY

CART   FIONA   ORCHARD

PIE

PINE

POLISHER

ROTTEN

SAUCE

TREE

TURNOVER

Fractured phrase: The Granny Smith of one's *oculus* is what? (The apple of your eye.)

WONDROUS WORDSMITHS

"I love being a writer," said Peter de Vries. "What I can't stand is the paperwork." Here are 40 great authors. (Answers on page 229)

AGEE
ALCOTT
ASCH
BALZAC
BARRIE
BELLOW
BRONTE
CALDWELL
CHAUCER
DANTE
DARWIN
DEFOE
DICKENS
DOSTOEVSKY
DREISER
DUMAS
FITZGERALD
HARDY
HELLER
HEMINGWAY

HOMER
JAMES
KING
LEE
MAILER
MORRISON
OHARA
ONEILL
PAINE
POE
SAROYAN
SHAKESPEARE
SINCLAIR
STEINBECK
STOWE
TWAIN
UPDIKE
WELTY
WEST
WILDER

Riddler: I am the basis for language. Break me up and...

```
Y M W E L T Y A W G N I M E H C J
H M O D L A R E G Z T I F E A M A
N B L H O M E R E D L I W L E S S
B L L O F K I O O T R K D R C G H
W I E R I A F M P E D W O H A R A
A W B D L T Y K S V E O T S O D K
U J P C W E T I O L C A Z L A B E
N U N A I R E B L O B R O N T E S
S I I R I R O B M N N C T H Z T P
S N R R D N F S T O W E S T E R E
H A R D Y H E L L E R H I I E D A
B L R S V M D D R E P R N L I F R
P C Q O E O U H C S X B I C L T E
U O I T Y M V U G K E A K S W R N
E T Z O A A A L E C M E T Y O Z Q
Z T Y S X H N J K I N G E A H N E
H E A S C A D W S S V X K V V P X
```

...I'm the top dog, you can wager. What am I? (Alphabet)

IN THE CHIPS

The grid holds 48 words and phrases that have something to do with the game of poker. After you've found them all, the leftover letters will reveal something that gangster-gambler Big Jule said in the musical Guys and Dolls. *(Answers on page 230)*

ACTION
BANKROLL
BETS
BIG BLIND
BLUFF
BULLETS
BUY-IN
CASINO
CHIPS
CLUBS
DEAD MAN'S HAND
DEALER'S CHOICE
DRAW
FLOP
FOLD
FOUR OF A KIND
FULL HOUSE
HEARTS
HOLE
HOUSE CUT
"I'M OUT"
INSIDE STRAIGHT
JOKER
LAY ODDS

LOCK
MAIN POT
MARKED CARDS
NO-LIMIT
ONE-EYED JACK
OPENER
OVERCALL
RAISE
SANDBAG
SHARK
SHOWDOWN
SPADES
STAKES
STUD
SUICIDE KING
SUIT
TABLE
TAPPED OUT
TELL
TEXAS HOLD'EM
TREY
TWO PAIR
WHEEL
WILD CARD

A group of pheasants is called a *bouquet*.

```
                        R
                  D  E  T
                  L  T  N  B  T
               O  F  W  E  A  H  E
            F  L  T  O  P  N  I  A  M
            O  G  U  P  O  K  O  E  Y
         P  U  W  E  A  H  R  L  L  D  O
         I  R  D  N  I  V  O  E  N  I  L
      N  T  O  S  E  R  H  L  I  C  L  M  N
      D  U  F  W  H  E  E  L  W  A  P  A  I
   S  T  R  A  E  H  A  B  A  C  S  O  R  Y  T
   N  K  F  K  E  R  G  R  R  W  I  A  K  U  S
B  O  S  U  I  C  I  D  E  K  I  N  G  E  B  R  I
S  I  G  L  N  B  A  V  I  S  H  O  W  D  O  W  N
T  T  O  L  D  U  O  J  H  M  T  B  U  C  L  T  T
A  C  H  H  E  L  M  E  D  L  O  H  S  A  X  E  T
K  A  L  O  G  L  U  Y  D  E  J  U  Y  R  W  H  C
E  H  O  U  S  E  C  U  T  O  Y  O  T  D  O  H  T
S  I  N  S  B  T  T  V  K  E  D  E  E  S  I  A  R
   S  T  E  B  S  N  E  T  D  E  A  E  P  D  T  E
   T  H  G  I  A  R  T  S  E  D  I  S  N  I  H  Y
      E  C  H        S  P  M        I  P  O
                     A  A  W
                  A  N  D  S  F
                  S  D  E  S  F
                  H  A  B  S  G  U  E
               A  D  R  A  C  D  L  I  W
            N  N  I  U  G  E  L  B  A  T  S
         D  E  A  L  E  R  S  C  H  O  I  C  E
```

It took the creators 45 minutes to invent Trivial Pursuit, but cost them $45,000 to market.

PATRON SAINTS

*The Catholic Church has more than 5,000 saints, many
of whom are "patron saints"—protectors of certain professions, sick
people, and even hobbies. We've selected a few and put them in the grid.
When you've found all 48 capitalized words and phrases, the leftover
letters will spell a profound message from a British-born writer
who was born again as a Buddhist. (Answers on page 229)*

ADRIAN of Nicomedia, patron saint of ARMS DEALERS

ANNE, patron saint of WOMEN IN LABOR

Bernardino of SIENA, patron saint of HOARSENESS

BLAISE, patron saint of THROATS (he saved a child from choking)

DROGO, patron saint of UGLY PEOPLE and CATTLE

ELIGIUS, patron saint of GAS STATION workers

ERASMUS, patron saint of SEA-SICKNESS and COLIC

FIACRE, patron saint of TAXI DRIVERS

GEORGE, patron saint of HERPES

HILARY, patron saint of SNAKEBITES

HUGH of Lincoln, patron saint of SWANS

Joseph of ARIMATHEA, patron saint of FUNERAL DIRECTORS

JULIAN the Hospitaller, patron saint of JUGGLERS

LIDWINA, patron saint of SKATERS

LOUIS IX of France, patron saint of BUTTON MAKERS

MARTHA, patron saint of DIETITIANS

MARTIN de Porres, patron saint of RACE RELATIONS

MATRONA, patron saint of DYSENTERY sufferers

A maze has many pathways with dead ends; a labyrinth is one single, twisting path.

```
M  P  S  U  M  S  A  R  E  S  I  A  L  B  U  R  E  H  S  P  I  S
R  A  D  R  I  A  N  I  N  R  T  O  U  G  L  Y  P  E  O  P  L  E
N  J  T  E  S  H  S  A  U  E  N  T  D  A  R  E  D  R  D  A  S  T
E  U  G  R  N  R  I  M  E  K  T  E  S  C  T  P  R  P  V  S  S  I
H  L  O  A  O  T  E  O  A  O  F  L  T  C  H  H  A  E  T  E  E  B
C  I  S  H  I  N  N  A  N  R  D  R  O  O  I  N  R  S  K  B  N  E
T  A  T  T  T  H  A  M  A  B  T  T  O  U  N  Y  L  O  Y  A  K  K
A  N  E  R  A  T  A  H  E  N  M  I  O  N  I  S  E  T  A  S  C  A
W  I  H  A  L  K  A  R  D  W  E  N  N  T  E  S  L  D  C  T  I  N
D  W  O  M  E  N  I  N  L  A  B  O  R  A  O  N  I  T  A  I  S  S
O  D  E  R  R  M  P  L  A  P  I  T  I  N  O  N  G  X  G  A  A  U
O  I  S  Z  E  Z  C  P  L  T  A  E  H  T  A  M  I  R  A  N  E  E
H  L  A  R  C  S  I  A  A  N  D  S  U  S  L  D  U  G  E  I  S  N
R  B  L  O  A  D  D  T  T  H  I  S  S  A  R  T  S  D  T  E  J  H
O  V  O  A  R  Y  S  R  O  T  C  E  R  I  D  L  A  R  E  N  U  F
B  S  H  D  I  S  L  I  U  T  L  N  V  S  E  T  H  O  E  G  G  I
H  F  C  R  A  E  S  C  L  A  V  E  R  E  R  N  I  G  H  I  G  R
G  V  I  G  A  N  A  K  N  A  R  S  G  W  I  E  T  O  H  N  L  E
I  Q  N  A  A  T  U  N  A  S  L  R  P  A  R  T  T  S  L  E  E  O
E  V  E  W  C  E  A  N  N  D  O  A  R  M  S  D  E  A  L  E  R  S
N  W  S  O  R  R  K  A  L  E  C  O  L  I  C  D  O  U  K  R  S  S
H  I  L  A  R  Y  E  H  G  W  E  H  T  T  A  M  U  X  L  S  E  Y
```

MATTHEW, patron saint of ACCOUNTANTS (he was a tax
   collector before becoming an apostle)

NICHOLAS of Myra (also known as Santa Claus), patron saint
   of PAWNBROKERS

PATRICK, patron saint of ENGINEERS

Peter CLAVER, patron saint of SLAVERY

SEBASTIAN, patron saint of NEIGHBORHOOD WATCH groups

The first evidence of the board game of Peg Solitaire dates to the court of Louis XIV.

AFRICA

Question: Which continent has the most countries?
Answer: Africa, with 53...47 on the mainland and six nearby
island nations. Here are 34 of them. (Answers on page 230)

ALGERIA	LIBERIA
ANGOLA	LIBYA
BENIN	MALAWI
BOTSWANA	MALI
BURKINA FASO	MAURITANIA
BURUNDI	MOROCCO
CAMEROON	MOZAMBIQUE
CHAD	NAMIBIA
DJIBOUTI	NIGER
EGYPT	RWANDA
ERITREA	SIERRA LEONE
ETHIOPIA	SOUTH AFRICA
GABON	SUDAN
GHANA	TANZANIA
GUINEA	TOGO
KENYA	UGANDA
LESOTHO	ZAMBIA

During the Mah Jong craze of the 1920s, several hit songs were written about the game...

```
      C A S A B
    P I A Y N E K   K W
  U B U R K I N A F A S O B
  C M O Z A M B I Q U E I U K
S A G T M U G A N D A N F P D N
Z O A S O U T H A F R I C A O A
T Y F W I L T Y M S E U B O D I N
P C H A D E B Z I U Y G R H W N H A
  Q E N A I R E B I L E Y A S A A T H Z
    I A L     R I U M G L P I T I W E G
          A A R A E R T I R E R
          C L M U L P U R E W
            O E T N I O U G
            G C O G D B A L
            N T C N R I M A
            A A G O E J W Q       P
            U N R H R D U       R W
            J Z T T T O N       B J
            G A B O N I M       Y
              N R S G B
              I Y E W
              A R L
```

...including "Since Ma Is Playing Mah Jong" by Eddie Cantor.

EAT CHALK AND AMMUNITION

American G.I.s have come up with slang names for pretty much everything they eat and drink. The grid below contains 14 of those terms for the foods that appear in the word list. The regular names for these foods do not appear in the grid—only the slang words or phrases do, and it's up to you to figure out what the slang terms are. As hints, the spaces next to each food indicate the number of letters in each slang word, and we give you the starting letter. For example, BEANS doesn't appear in the grid, but AMMUNITION, its slang name, does. As a bonus, after you've circled all the words in the grid, the unused letters (from left to right) spell out a hidden message related to the puzzle theme. If you need help, turn to the answer page for the complete list of slang. (Answers on page 231)

Beans: A __ __ __ __ __ __ __ __ __

Bread: G __ __   W __ __ __ __ __ __

Canned Milk: A __ __ __ __ __ __   C __ __

Coffee: S __ __ __ __ __ __

Crackers: D __ __   B __ __ __ __ __ __ __ __

Grape Nuts: S __ __ __ __ __ __ __ __

Hash: M __ __ __ __ __ __   P __ __ __ __

Ketchup: R __ __-E __ __

Maple Syrup: M __ __ __ __ __ __   O __ __

Meatloaf: P __ __ __ __ __ __ __   S __ __ __ __

Pancakes: R __ __ __ __ __   P __ __ __ __ __ __

The English word "and" is virtually unchanged since 700 AD.

```
M Y S T E R Y P L A T E O
A C H A L K T T H E R N D
C W O C D E R O M R A A O
H M T E S F O M R G C L G
I O W F F E E A N A R E B
N E A M M U N I T I O N I
E B T A T E D N T E R P S
O Y E A Y D C E I D O A C
I R R E A P A S E I N R U
L T D W R E M T O W V H I
E E N S O L V E N T A S T
R U B B E R P A T C H E S
G K C I D Y E K N O D R S
```

Powdered Milk: C __ __ __ __

Soup: H __ __   W __ __ __ __

Spinach: S __ __ __ __ __ __

Japanese research has concluded that moderate drinking can boost IQ levels.

AT THE MOVIES

For your popcorn pleasure. (Answers on page 230)

A FEW GOOD MEN
AMADEUS
BAD BOYS
BIG
CARRIE
CHARLOTTE'S WEB
CRASH
E.T.
GANDHI
GOLDFINGER
HIGH NOON
KING KONG
MASH
MOONSTRUCK
MY FAIR LADY
RAGING BULL
RAIN MAN
RAISING ARIZONA
STAND BY ME
THE SHINING
TITANIC
TOOTSIE
TOP GUN
TOY STORY

Trumpism? "Fired," meaning "you're outta here," first appeared in print in the 1870s.

```
              O J Y R X O
              N P R E N E Z
              T O O T S I E
              E U T K W U T
              Q M S G I P M
              C O Y T Q H
                  O B
            H S H P T Y D J G L
            U I G N O K G N I K
            Y U G E S T H S A M       M Q
            N J C H A R L O T T E S W E B
            R A G I N G B U L L S E B A O
            N E M D O O G W E F A Z Z N D
        I Z R L V Z M O O N S T R U C K
        T H E S H I N I N G W       F C
            Y D A L R I A F Y M
                    A
R E G N I F D L O G E
E P T X         Z N G
                H I R
                  S
                O I A
              S D A X R
            Y E I R R A C
          O N H       A M I
        B X D           I A N
      D E N               N D A
    A M A                 M E T
  B I G                   A U I
E P R                     N S T
```

Fractured phrase: A final drinking tube is the...?   (Last straw.)

WORTS AND ALL

Dr. Feelgood recommends these 53 herbs for whatever you've got. See if you can find all of them in the grid. When you're done, the leftover letters will reveal a use for a common herb that might surprise you. (Answers on page 231)

ANISE
BASIL
BAY LAUREL
BEE BALM
BERGAMOT
CALENDULA
CARAWAY
CATNIP
CAYENNE
CHAMOMILE
CHERVIL
CHIVE
CITRONELLA
CORIANDER
COWSLIP
DILL
ECHINACEA
FENNEL
FEVERFEW

GARLIC
GENTIAN
GINGER
GINSENG
HOREHOUND
HYSSOP
IRONWEED
KAVA
LAVENDER
LEMON BALM
LIVERWORT
LOVAGE
MARJORAM
MONARDA
NETTLE
OREGANO
OSWEGO TEA
PARSLEY
PRICKLY POPPY

ROSEMARY
RUSTY
 FOXGLOVE
SAFFRON
SEA HOLLY
SILVER SAGE
SOAPWORT
SORREL
SPEARMINT
SPIKED
 SPEEDWELL
ST. BENEDICT'S
 THISTLE
ST. JOHN'S WORT
TARRAGON
VALERIAN
VERBENA
YARROW

Q: What palindromic item does a baby wear? (Bib)

```
M L A B N O M E L A V E N D E R T H E P S
E U R L I C C A R A W A Y T B A N S T R I
L H M O L H U F E V E R F E W G H T E O L
T R O W R E V I L F F E R N L N E D L A V
T S N A A R N M H E E G R T P S N I N S E
E G A S E V E O D Y A U M D R A R B E E R
N E R C N I A T R M S I T N I M R A E P S
N N D H A L G K O T P S C R C L H S P P A
E S A A I E E T Y A I D O A K O L I I C G
Y S S M T R N F T E K C W P L E R L A E E
A E A O N S O E R T E E D L Y E S T S G O
C F F M E X G N O O D V Y R P W N A R A O
I O F I G U A M W G S S A H O I E D R V R
B S R L G W R A S E P M R C P H I C U O E
H P O E N A R R N W E R R I P S H A I L G
O V N N E E A J H S E D O R Y S E C S H A
E E A E S W T O O O D E W D D C U R O I N
R R N N N C G R J C W F S O A P W O R T O
E B E V I H C A T H E U D N U O H E R O H
G E R L G S C M S N L H I M E E T I E N G
N N R S T O E S N T L H A N A I R E L A V
I A S T B E N E D I C T S T H I S T L E Y
G A W A K M L A B E E B A Y L A U R E L E
```

First U.S. board game: The Mansion of Happiness, created by Anne Abbot in 1843.

ABOMINABLE SNOW JOB?

Every region has its own name for the legendary abominable snowman. How many can you find? (Answers on page 232)

BIGFOOT (North America)
BONMANCHE (Nepal)
BUNYIP (Australia)
CADDY (North America)
EBU GOGO (Indonesia)
HIBAGON (Japan)
KAPRE (Philippines)
MEHTEH (Nepal, Tibet)
MOMO (Missouri)
NANDI BEAR (Africa)
OGOPOGO (Canada)
SASQUATCH (North America, Malaysia)
SKUNK APE (Florida)
TESSIE (Australia)
WAMPUS CAT (Tennessee)
YEREN (China)
YETI (Nepal, Tibet)
YOWIE (Australia)
Bonus: Not a snowman but a famous and
ellusive lake monster.

In Italy, Santa Claus is called Babbo Natale.

```
I U H           J N C B
F X E           X O Y O
R J T           H G W G
U A H           N A K Y
  A E J           B C
  J M B A T E I T Q M H W O
    P P I V H H E B U G O G O
          D C C P L E   M O M
          A N T A O B     P W
          V A A K C T     O S
          V M U N H Y     G W
          V N Q U N T   H O F
          S O S K E K   F F
          B A S S
          P S F S
        R I U M M W
      E E Y     O A T
      I V N     N M O
      W Q U     S P O
      O C B     T U F
      Y A G     E S G
      E D O     R C I
      R D       A B
    I T E Y     T V F G
    B X N Y     B K D K
```

In Mexico, the Tooth Fairy is known as the "Tooth Mouse."

AISLE BE SEEING YOU

"If you meet someone who can cook and do housework,"
said comedian Rita Rudner, "don't hesitate a minute—
marry him!" (Answers on page 233)

ALBUM
ATTENDANTS
BEST MAN
BOUQUET
BRIDE
CAKE
CEREMONY
CHURCH
DECORATIONS
DOWN THE AISLE
DRINK
ESPOUSAL
FATHER
FLOWER GIRL
FLOWERS
FOOD
FRIENDS
GIFTS
GOWN
GROOM
GUESTS

I DO
INVITATIONS
LICENSE
MAID OF HONOR
MARRIAGE
MATRIMONY
MINISTER
MOTHER
MUSIC
NUPTIALS
PHOTOGRAPHER
RABBI
RECEPTION
REHEARSAL
RELATIVES
RICE
RING
SHOWER
VEIL
WEDDING DAY
WEDLOCK

The Bible has been translated into more than 350 languages...including Klingon.

```
W I Z W K V C J D U R Z Y R Y Z O F K M B
J Y A D G N I D D E W T M I N I S T E R F
J D J X X H Q N C V B O U Q U E T X I C B
G E C L A T T E N D A N T S B A S D I C W
S S C F D Y P F K M A R R I A G E S A S C
R B T G S T P M N H A W E I E M U B L A M
E E I F I N H W S R E W O L F M G A K M Y
H S H O I R O N O H F O D I A M I E C N R
T T N T G G T I E L S I A E H T N W O D L
A M K O O D O Q T V W G F R P H I M L W J
F A N J I M G R K A N D M U D D E V D L C
N N L B L T R G P I R O N C O R I C E A P
S W I R R M A T R I M O N Y E J K C W S A
Z H R Y I P P T W A L F C C V L M H N R M
R H O A G Q H E I E B G C E S P O U S A L
X D C W R G E N N V T B I S D O X R I E I
X S D N E I R F X L N L I N W F G C T H W
C O R M W R B O G L R I R E X Y D H P E E
T N I R O N I K O D S G F C Q T J E J R R
M V N T L Q S B A M Q S F I B G G V E K J
M U K H F K I D Q Y F I F L V D Z H A V F
```

There were 32 clues in the world's first crossword puzzle.

KING KONG

The big guy is hidden somewhere in this Empire State Building–shaped grid, along with 40 other words and phrases associated with the King Kong movies. Find all the entries, and the leftover letters will spell out three lines of dialogue from the original film—spoken by theater patrons waiting to see the unveiling of King Kong on Broadway. (Answers on page 232)

ANN DARROW
BEAST
BEATING HIS CHEST
BEAUTY
BIG WALL
BIPLANES
BLONDE
CAPTAIN
ENGLEHORN
CAPTURED
CARL DENHAM
CLIFF
CLIMBS
DINOSAURS
EMPIRE STATE
  BUILDING
ESCAPE
EXPEDITION
FAY WRAY
FILM CREW
GAS BOMB

GIANT APE
IN HIS HAND
JACK DRISCOLL
JUNGLE
KIDNAPPED
KING KONG
LOVE
NAOMI WATTS
NATIVES
NEW YORK
PTERONODON
RESCUE
ROAR
SACRIFICE
SCREAMS
SEA VOYAGE
SHIP
SHOT DOWN
SKULL ISLAND
SMASHED SUBWAY CAR
SPIDERS

```
                        H
                        T
                        S
                        E
                        H
                    E   C   Y
                    W   S   H
                    A   I   T
                S   P   I   H   S   T   H
                I   K   I   N   G   K   O   N   G
            S   S   B   L   O   N   D   E   N   G   H
            S   K   U   L   L   I   S   L   A   N   D
            O   W   A   B   N   T   B   O   O   I   U
            T   B   A   O   N   A   M   I   M   D   Y
            R   E   S   C   U   E   I   N   I   L   W
        S   E   N   A   L   P   I   B   L   H   W   I   A   Y   L
        M   P   U   S   I   D   M   O   C   I   A   U   N   O   N
        A   R   I   T   T   O   K   G   N   S   T   B   V   O   R
        S   W   T   D   B   H   E   Y   I   H   T   E   S   K   O
        H   Y   A   S   E   Y   I   T   S   A   S   T   J   I   H
        E   S   A   W   O   R   R   A   D   N   N   A   E   D   E
        D   G   O   R   M   E   S   B   N   D   C   T   P   N   L
I   G   S   B   I   G   W   A   L   L   O   K   G   S   A   A   G   O   R
D   J   U   N   G   L   E   Y   I   L   D   C   L   E   C   P   N   A   N
E   O   B   H   G   E   E   Z   A   R   O   A   L   R   S   P   E   I   E
R   N   W   E   R   C   M   L   I   F   N   T   W   I   E   E   N   E   W
U   N   A   T   I   V   E   S   G   O   O   T   E   P   F   D   I   N   Y
T   O   Y   U   G   H   C   O   S   C   R   E   A   M   S   F   A   F   O
P   T   C   H   N   O   I   T   I   D   E   P   X   E   E   M   T   I   R
A   N   A   N   L   E   W   S   H   O   T   D   O   W   N   Y   P   O   K
C   A   R   L   D   E   N   H   A   M   P   O   R   Y   T   U   A   E   B
K   E   G   A   Y   O   V   A   E   S   E   C   I   F   I   R   C   A   S
```

A period of 19 years is called a *decennoval*.

BLUE MOOD

Ever hear of ceil? It's the pale blue shade of surgical scrubs.
Here are 39 other shades of blue. Can you find them all?
(Yes, Han Purple is a blue.) (Answers on page 233)

AIR FORCE	INDIGO
ALICE BLUE	IRIS
AQUA	LAPIS LAZULI
AZURE	MAYA
BABY	MIDNIGHT
CADET	NAVY
CAROLINA	PALE BLUE
CEIL	PERIWINKLE
CERULEAN	PERSIAN
COBALT	POWDER
CORNFLOWER	PRUSSIAN
CYAN	ROYAL
DELFT	SAPPHIRE
DENIM	SKY
DODGER	SMALT
EGYPTIAN	STEEL
ELECTRIC	TEAL
ETON	TIFFANY
FEDERAL	TURQUOISE
HAN PURPLE	ULTRAMARINE

Currently, there are 2,826 four-letter words in the English language.

```
L L N U U H S Q P N H Z P G F F V B L M P
G T U W D T P Q X H N P H H S J H K R S N
E O J H E N Y X Q E C A A P N C O Z A U C
F R T E U A K Q D J P N I T M Q S P Y G Z
E D L L L I V B K T P R T S J Y P Q M U C
D N F M B T F M Z U M Q U D R H C F H S I
E B Z I E P D T R N X U M U I E I F G P R
R K N N L Y N P D A V V B R R L P R V R T
A P M D A G L D O Z R U E U E F T E N X C
L R W I P E R I W I N K L E B G I D V X E
A T H G I N D I M O B E A X E T D W K L L
E M Q O V I A V O R A Y T U R Q U O I S E
T L M M C R Y V A N N I L U Q C D P D I T
O F A A C A Z K I A R B V X Y A U J X T M
N C L Y Y M C L F I E J N A I S S U R P O
L X O E O A O F S C O R N F L O W E R Y S
Y B A B D R I M I N E D M E C A Y H Y Y P
Q A D E A T A L I E C D H R V J B C Z B S
T U T C B L A P I S L A Z U L I A G K Q A
Y K Q N T U T F L K Q Q X Z X O Q Z P R L
D V E X T H C R L Y B S W A I R F O R C E
```

Trivial Pursuit has produced 30 editions, with 17 supplemental card sets, since 1981.

SWEET TREAT

Hmm…looks like someone's taken a bite out of this piece of chocolate. How many candy bar names can you find inside it? (Answers on page 232)

ALMOND JOY
BIT-O-HONEY
CHUNKY
FIFTH AVENUE
KIT KAT
KRACKEL
MALLO CUP
MARS
MILKY WAY
MOUNDS

MR. GOODBAR
OH HENRY!
PAYDAY
ROLO
SKYBAR
S'MORES
SNICKERS
TOBLERONE
TWIX
ZAGNUT

```
E T U Y E N O H O T I B O M R W W
Y G P M R G O O D B A R A B Y K S
K R T U S P A Y D A Y K N U H C D
  N U C E U N E V A H T F I F N
    E N O R E L B O T W I X O U
    N H G L O L E K C A R K L O
    P S H A L M O N D J O Y O M
  R T E G O Z A S N I C K E R S
G T G P O S R A M I L K Y W A Y
```

Youngest American Crossword Puzzle Tournament champion: Tyler Hinman, at age 20.

TAP THIS!

See if you can find these beers in the grid. (Hic!) (Answers on page 234)

ANCHOR STEAM   HEINEKEN   PABST
BALLANTINE   KIRIN   ROLLING ROCK
BECK'S   MILLER LITE   SAMUEL ADAMS
BILLY BEER   MOLSON   SAPPORO
BUDWEISER   MOOSEHEAD   SCHLITZ
CORONA   NIPPON   TSINGTAO
GUINNESS   OLD MILWAUKEE

```
U N H T Y U Q Z J G F E J S B L N
W Z G R R B K H X F M C I X G O K
F T S I N G T A O R O P P A S J R
K I R I N A X N J K B K C L P M B
O L D M I L W A U K E E O Y A I N
Z H O Z O V X F U R G M H E B L H
K C O R G N I L L O R A T J S L F
W S A M U E L A D A M S P C T E N
L W N O P P I N M P R M K R A R A
K P S O S A N O R O C B W E N L V
R B L S U S B N H M M H D E E I H
O S O E O B E C M O Q A K B K T C
T K M H H J N N C M Q E V Y A E A
U C U E K A H H N F N H D L M M O
C E B A L L A N T I N E I L O K S
C B U D W E I S E R U S O I B W T
C C Z I V G E H X V T G Z B L G N
```

After Black's second move there are 71,852 possible positions in a chess game.

FRUIT SALAD

The cherry-shaped grid—our tribute to Neil Diamond's
"Cherry Cherry"—is hiding all 40 of the capitalized items on the lists.
Once you've found them in the grid, the leftover letters will reveal a
message that begins, "7 Things Invented . . ." (Answers on page 235)

9 Jackson Siblings
MICHAEL
JANET
LATOYA
REBBIE
MARLON
RANDY
TITO
JACKIE
JERMAINE

4 Horsemen of the Apocalypse
WAR
DEATH
PESTILENCE
FAMINE

7 Types of Triangles
EQUILATERAL
ISOSCELES

SCALENE
RIGHT
ACUTE
OBTUSE
OBLIQUE

6 Things That Can Kill Dracula
SUNLIGHT
GARLIC
CRUCIFIX
HOLY WATER
WOODEN STAKE
SILVER

9 Most Common U.S. Street Names
FAIRVIEW
MIDWAY
OAK GROVE
FRANKLIN

RIVERSIDE
CENTERVILLE
MOUNT
    PLEASANT
LIBERTY
SALEM

5 Songs About Fruit
BANANA BOAT
    SONG (Harry
    Belafonte)
BLUEBERRY HILL
    (Fats Domino)
CHERRY CHERRY
    (Neil Diamond)
LEMON SONG
    (Led Zeppelin)
LITTLE GREEN
    APPLES (O. C.
    Smith)

Abraham Lincoln's Gettysburg Address was only 268 words long.

```
            B S
              A
              L
              E
              M
              O
              U
      Y C W     A Y N N A     D I A
   B A N A N A B O A T S O N G R H N S F
   A R E T O H R E S P R C N E O O E W A
G M L A T O Y A O B L H E V N O L R A M I
N L L I H Y R R E B E U L B L L Y A E I P
O T T A A I J C N R A I T R I O W N J N E
S H L W L E R A R R S P L V W L A D E E U
N G D E A U S Y N T A I R O L C T Y R G Q
O I A D C S C A L E N E O A R N E B M A I
M R M I C H A E L G T D R K E I R B A E L
E A F S E L P P A N E E R G E L T T I L B
L I G R U W A S E N T I H R I K N K N G O
X M R E A N C C S A H B I O N N C E E B E
  Y L V E G L T L C T B R V I A C U T E
    C I R F A I R V I E W E J R A U N
    G R E K U R G Z I R P P E F S R A
      N E Q D F L H O G H T A E D H
        E C N E L I T S E P O R N
          I S O S C E L E S
```

About 70% of all e-mail sent is spam and viruses.

THINGS YOU CAN'T SEE

You can't see aqueous humor either—but try seeing without it. (Answers on page 234)

ATOMS
CARS IN THE BLIND SPOT
CHEMICAL BONDS
CONCEALED WEAPONS
CREATIVITY
CULTURE
DIZZINESS
EVIL
EVOLUTION
FEELINGS
FRESHNESS
GHOSTS
GOD
GRAVITY
HEAVEN
HOURS
HUMOR
IDEAS
INFINITY
INTUITION

JUDGMENT
JUSTICE
KINDNESS
KINSHIP
KNACK
KNOWLEDGE
LOGIC
LOVE
MINUTES
OPINIONS
PARALLEL UNIVERSES
PLATONIC IDEALS
POWER
RESPECT
SUBATOMIC PARTICLES
SYNAPSES
THOUGHTS
TIME
WALL STUDS
WIND

Of National Spelling Bee winners to date, 42 have been girls and 38 were boys.

```
H I E C C H E M I C A L B O N D S S X C K
G I N J C R S R F C R S I T K T S N H C C
I O X Y U A Y P R O M U H Z D S E O O E O
V B V T E R B N E V O L U T I O N I T J I
G M L D Y I P C S M U N C U Z G I T O C S
C U I Y H I Y T H O U G H T S C Z I P Q E
C D N Y O C G N N G J C V L H I Z U S W S
J I F L U W J W E H G R E G K I I T D G R
J S I Y R I S U S O D M C R Y W D N N M E
L E N H S N F H S S I D O Z E K V I I A V
K S I J D D O G Y T I V A R G W L S L U I
Q P T M I N U T E S I H N H L E O O B Q N
A A Y T I V I T A E R C E C E E J P E Y U
T N E M G D U J S E Q A E F Z N Y I H G L
O Y Z M O Q E V I L V K H Y X N P N T W E
M S P I H S N I K E L O G I C F W I N Q L
S L A E D I C I N O T A L P G H W O I G L
Q V Q C O N C E A L E D W E A P O N S K A
S U B A T O M I C P A R T I C L E S R U R
E G D E L W O N K I N D N E S S H Q A S A
U J N F E U T X Y I B Q X R E S P E C T P
```

Collectively, New York taxi drivers speak 60 different languages.

ALL ABOARD!

*From hoboes riding the rails to the romance of the
Orient Express, there's something about a train that fires
the imagination. Tickets, please. (Answers on page 235)*

BLUE TRAIN
BRIGHTON BELLE
CARGO
CLUB CAR
COG RAILWAY
COMMUTER TRAIN
ENGINEER
FREIGHT
FUNICULAR
GOLDEN ARROW
HOGWART'S EXPRESS
LIONEL
LOCOMOTIVE
MAGLEV

MONORAIL
"O" GAUGE
PASSENGER TRAIN
PULLMAN
RAILS
ROLLING STOCK
ROYAL SCOT
STEAM ENGINE
SUPERTRAIN
THOMAS THE TANK
ENGINE
TRACKS
VON RYAN'S EXPRESS
YELLOW TRAIN

The first known set of playing cards, printed in China in 969, consisted of four suits.

```
                                        N I A R T R E P U S D
        T L T G K B                     D         N M V S T H
        F M R C V K                     C         L I O N E L
          Y F L U                       A         N S N O A
            R U      J S                R         L F R E M
            E B    U K Y B    D U N U   G D R Q I Q U Y V E
        G L I C T C T Y A W L I A R G O C U A C M N A I N
        K P G A A O C Z T P A S S E N G E R T R A I N T G
        U U H R T I C A B R I G H T O N B E L L E C S O I
        V L T H O M A S T H E T A N K E N G I N E U E M N
        E L F A N Z N W L O L B L U E T R A I N P L X O E
      W L M U G Z H O G W A R T S E X P R E S S K A P C N
    E O G A U G E L U Y K T Y S L Z G O L D E N A R R O W
  N C Q A N R O L L I N G S T O C K N R E E N I G N E L M
Y C O M M U T E R T R A I N M J R O Z I P A Q D Z Q S I N
          Y L Z C H F    R X M S B R    Y J Y D S J
          T C N C        O K E C        H N U I
```

Scrambled proverb: Tante won, tast won. (Waste not, want not.)

THINGS YOU SHOULDN'T TOUCH

*Oleander, a showy shrub widely used in landscaping,
is one of the most poisonous plants. The rest of these are
toxic in their own way, too. (Answers on page 236)*

ACID
BAD GERMS
BARF
BLOWFISH
BURNING STOVE
DART FROGS
EBOLA VIRUS
FRESH SCAT
GLOWING LAVA
GUTTER SLUDGE
HOT STOVE
KING COBRA
LOADED WEAPON
MAD DOG
OLEANDER

POISON IVY
PORCUPINE
POWER LINE
RATTLESNAKE
RAW SEWAGE
RAZOR EDGE
ROAD KILL
SKUNK GLANDS
SPINY CACTUS
STAPHYLOCOCCUS
TAINTED FOOD
THORNS
TOXIC WASTE
WET PAINT
WICKED THINGS

A clue from the first-ever crossword: What we all should be—5 letters. (Moral)

```
D E W B C Y M C Y P E B O L A V I R U S S
O G X Y H Q H Q Y Z E N Z F N A V R K A P
A D I Z Z J R G J G T P K N M T T E D A I
N E D G B Y O R A O A S O U V I W U Z E N
E R O Z O D O W X Z D P R W X O N I V V Y
K O V E D A E I K N A G B F E Q M O G V C
A Z H A D S C I A E T L E S W R T N I Z A
N A M K W W N L W A O N Z V M S L N R B C
S R I A A G G D F W I T Z T G R O I S C T
E L R S C K E W F P T A G N I S E L N J U
L S T O N D E I U B H I I R I I H G R E S
T E B U A T S C E L O N A O S O P E D R W
T R K O P H R K A Z R T P S F P Z V V A A
A S L A O O H E E U N E B D C A L F R A B
R Q I P P I P D B G S D T A C S H S E R F
Q N E V O T S T O H U F F I C T L Q F W P
T Q T F G U R H S U X O D A R T F R O G S
D Z W X B Y H I N G L O W I N G L A V A A
J J J O L E A N D E R D R T V K Q Y C M B
Y I K T M J J G U T T E R S L U D G E Y E
G V G U D C X S T A P H Y L O C O C C U S
```

Number puzzles first appeared in newspapers in late 19th-century France.

TREES COMPANY

Keep a green tree in your heart and perhaps a singing bird will come. —Chinese proverb *(Answers on page 235)*

ACACIA	LEMON
APPLE	LOTUS
BALSA	MAPLE
CATALPA	OAK
CEDAR	ORANGE
COCOBOLO	PEACH
CYPRESS	PEAR
EBONY	PECAN
ELDER	PINE
ELM	REDWOOD
FIG	SASSAFRAS
FIR	SPRUCE
HEMLOCK	TEAK
JACARANDA	TULIP
JUNIPER	WALNUT
LARCH	YEW

George S. Parker founded the Parker Brothers company in 1883 at the age of 16.

```
                  G
                M Z R
              P G J S S
            B A I B P O F
                C L R
                F E A U Q
              H I N C C T X
            Q H G Y R E I S O
          B L E K M O T R A M C
              M E E L D E R
              M L B D O F P F F
            J P O A O B J I A O B
          C P N C L O O Y N S E S S
        I A Y S K S W C C U S M R X O
          C L F A D O H J A S A
          T O A K D E C I W S C D P
        U T U F T N R T F E L M E N L
      Y U Q N N I A Z J R Y N A C E P E
  U S Z X F P L R L P U O C W Q R N O F
                A Y P M H
                C W E A A
                A L A Q L
                J E R Z X
```

The most complex Japanese puzzle box ever made required 125 moves to open.

TREASURE HUNT

All the words below can be made from this puzzle's title.
Can you find them all? (Answers on page 236)

ARREST	NEUTER	SENATE	TRASH
ASHEN	NURSE	SHATTER	TREAT
ASTUTE	NURTURE	SNEER	TRUANT
AUSTERE	NUTS	STATURE	TRUE
EARNEST	RANT	STERN	TRUST
EASTERN	RETREAT	TAUNT	UNSURE
ESTATE	RETURN	TENSE	
NATURE	SAUNTER	THREATEN	

```
R T H R E A T E N Y E T B
E Y T E Y R B T Z X T A D
T R N C T R E U N S U R E
U K U D V A E T A T S E U
R I A T R R N T S W S T W
N O T N A A R E T U E N U
R O E S O N E H S A A U T
E S T J U T T Z C N H A L
T Z E P R R S A R R E S T
S T N A U R T A E R T E R
A A S X F R A S T U T E R
E H E R U T R U N U R S E
X B W E R U T A T S A F F
```

The word *pandemonium* was first used by John Milton, in *Paradise Lost*.

SMALL FRY

Pet names and phrases for our little bundles of joy. (Answers on page 236)

BABY	KIDDIE	SPRAT
BAIRN	LAMBKIN	SPRIG
BAMBINO	LITTLE ONE	SPROUT
BON ENFANT	MOPPET	SQUIRT
CHERUB	NEWBORN	TAD
CHICKABIDDY	PAPOOSE	TODDLER
CHILD	PEEWEE	TYKE
GAMIN	RAGAMUFFIN	URCHIN
INFANT	SHAVER	WHELP

```
Y R E L D D O T U O R P S
D G I Z J A N R O B W E N
D W D S A E U I T L O Y I
I I D P E E G U N A N C H
B A I R N W I Q A M I O C
A S K A O E R S F B F N R
K H F T E E P N N K F I U
C A D B L P S S E I U B N
I V B A T L G O N N M M F
H E K Y T E P P O M A A Y
C R Z X I H P D B P G B G
Z Y J Q L W B I N F A N T
D L I H C H E R U B R P F
```

"Bad bishop" is a chess term that means your bishop is blocked by your own pawn.

MAD AS A HATTER

We've taken a little this-and-that from Alice in Wonderland *and* Through the Looking Glass *and hidden them in the grid. (The grid shape is our rendition of the famous illustration of the Queen of Hearts as she points at Alice and bellows, "Off with her head!") When you've found all 40 entries, the leftover letters will reveal what drove the Mad Hatter to madness. (Answers on page 238)*

ALICE
BANDERSNATCH
CARDS
CARPENTER
CAUCUS RACE
CHESHIRE CAT
CHESS
CROQUET
"CURIOUSER AND
    CURIOUSER!"
DINAH
DODO
DORMOUSE
"DRINK ME"
DUCK
"EAT ME"
FATHER WILLIAM
FROG
GARDEN
HOOKAH
HUMPTY DUMPTY

"I'M LATE!"
JABBERWOCK
KNAVE
LION
LIVE FLOWERS
LOBSTER QUADRILLE
LOOKING GLASS
LORY
MAD HATTER
MARCH HARE
MOCK TURTLE
"OFF WITH HER HEAD!"
OYSTER
QUEEN OF HEARTS
TARTS
TEA PARTY
TWEEDLEDEE
TWEEDLEDUM
WALRUS
WHITE RABBIT

In a vast majority of Polish crosswords, nouns are the only allowed words.

```
                T
                H D
                E H U M C E
                E M A R C H H A R E
R C     U L     C R K Y U K H E W
D O D O H     I R O F R O G A S
S T R A T     L A O T I M L T N S A
  Y I K       A E H Q O R R I S I
    N         U S E U D I B A N D E R S N A T C H
    K     C A R D S S E N B T H C H E S H I R E C A T E
  I M A I L L I W R E H T A F R U     W O R K     T
  T E A P A R T Y O R T R R E M A T
            C C E V A N K E P H S S
            E A A N P F T U O T R
            N I U D R Y I O Y R E T
          D M E M C D F H T S A W E
        J L O N D U U L W E T E O D
      T A O C R M R D S P O E H L I
      T B S K P M I A E R D R F F M
    E O B N T I N O G G L A T O E A
    H A E Y U T C U U E A D C N V D
  N U S R E R D K S D S I D E E I H
  O F F W I T H H E R H E A D E L A
  I N E O Y L A E R N D B A R U W T
A L I N C R E T N E P R A C T Q D T
A L O O K I N G G L A S S M A M G E
E L O B S T E R Q U A D R I L L E R
```

Scrambled proverb: Lefe yoapko boe lour. (Look before you leap.)

STUDYING UP ON YOUR OLOGIES

*You've heard of psychology, biology, and ecology but here are
some other "ologies" you may not have run across. We've listed
37 of them followed by their subjects in parentheses. Find
them all, and the leftover letters will reveal a few more
you may have missed. (Answers on page 237)*

ACOLOGY (Remedies)

ANEMOLOGY (The wind)

AXIOLOGY (Principles, ethics,
and values)

CETOLOGY (Whales, dolphins)

CONCHOLOGY (Shells)

DACTYLOLOGY (Communica-
tion using finger spelling)

DENDROCHRONOLOGY (Com-
parative study of the rings of
trees and aged wood)

DEONTOLOGY (Moral
responsibilities)

ESCHATOLOGY (Final events
as spoken of in the Bible)

GLOTTOCHRONOLOGY (How
two languages diverge from one
common source)

HELMINTHOLOGY (Worms)

HIPPOLOGY (Horses)

HISTOLOGY (Tissues)

HOROLOGY (Measuring time)

ICHTHYOLOGY (Fish)

LIMNOLOGY (Bodies of fresh
water)

MAGIROLOGY (Cooking)

MISOLOGY (Hatred of reason
or reasoning)

MORPHOLOGY (The structure
of organisms)

MYCOLOGY (Fungi)

MYRMECOLOGY (Ants)

NEOLOGY (New words)

NOSOLOGY (Classifying diseases)

ODONTOLOGY (The teeth and
their surrounding tissues)

Japan has schools where people devote their entire lives to the game of Go.

```
G E R O M N Y T Y O H I S T O L O G Y L
O G Y Y Y T H G E G S T A X I O L O G Y
U D Y G C G N O O D O N T O L O G Y L F
H I P P O L O G Y L A L G I T N G I M Y
E O L O L L S L G G O Y O T T H M E S T
L U Y G O L O N O R H C O R D N E D M D
M Y G Y G O L O L Y T C A D O O F Y A M
I Y O G Y M O U O S H C L L E H R G G O
N G L O E S G S M R P T O E V M L O I R
T O O L E S Y O O L O G H G E Y T L R P
H L N O H E C N T A Y S T C X U D O O H
O O I E Y O O H N F C A O V I E S T L O
L H H N I L E E A G Y L Y A L R A N O L
O C R B O R M O H T O G G L L M O O G O
G I G G O O O Y P G O T O L O G Y E Y G
Y R Y L L T H L Y L E L L L L S T D U Y
D T O O Y O F C O N C H O L O G Y W H A
T G G A S O C N I G E G T G G N T Y T H
Y Y G O L O I M E S Y R E O Y W E S O U
Y G O L O S I M T S P E C T R O L O G Y
```

OENOLOGY (Wine)

ONEIROLOGY (Dreams)

OOLOGY (Eggs)

OTOLOGY (Ears)

PHANTOMOLOGY (Supernatural beings)

POTAMOLOGY (Rivers)

RHINOLOGY (Noses)

SEMIOLOGY (Signs and signaling)

SINOLOGY (Chinese culture)

SPECTROLOGY (Ghosts, phantoms, or apparitions)

THEROLOGY (Mammals)

TRICHOLOGY (Hair)

VEXILLOLOGY (Flags)

Mark Twain invented the word *squish*.

SURF THIS!

*Can you track down all 40 techie terms in this
computer-shaped puzzle? (Answers on page 237)*

AMAZON
APPLE
BANDWIDTH
BLOGGING
BROWSER
CHIP
CRAIGSLIST
CRASH
DEBUG
DSL
DVD
EBAY
EMAIL
ESC
ETHERNET
FILES
FIREFOX
FIREWALL
FONTS
GOOGLE

GRAPHICS
HTTP
INTERNET
KEYBOARD
LAN
MEMORY
MOTHERBOARD
MOUSE
PASSWORD
PDA
PROGRAMMING
SOCIAL NETWORKING
SYSTEM
URL
USB PORT
VIRUS
WEB
WI FI HOTSPOT
WINDOWS
YAHOO

The word "comet" comes from the Greek *kometes*, meaning "long hair."

```
        K L V H C M O U S E L I F K
    T       T S I L S G I A R C       Q
    T     T E N R E H T E L U H K     Q
    U P R O G R A M M I N G I A G W
    S Q D L P M H F L F G O P P C I
    B E V A A S Y S T E M O A P Z N
    P E D Z A N T S W R A G S L S D
    O B O R M E M O R Y Z L S E R O
    R N C J G L L C H J R E W A M W
    T E N R E T N I Y I B F O N T S
    K   S J I V L A A A F B R Y     G
    Z     W B S K L Y M R I D       D
      E U F O V E N A E E A W E B
            I R Y E H K H O
              B T O Q
              O W O C
            M A O Q H Q
  J V U N J O V R R B G X G H Q D M Y
T S I R G U B E D K Z G L V A H Y Y T X
D O R I X O F E R I F I R E W A L L M J
Q N U H T D I W D N A B L O G G I N G G
  Q S C I H P A R G Z R B W M K D O I
```

The major cities in Japan—Tokyo and Kyoto—are anagrams of each other.

ALASKAN ADVENTURE

*Alaska has the largest area, highest mountain, most wilderness,
and most lakes, shoreline, and wetlands of any U.S. state. Whew!
It also has all the things in this grid. (Answers on page 238)*

ALEUT
ANCHORAGE
ARCTIC
BALTO
BARROW
BERING SEA
CANOE
CARIBOU
DENALI
DOGSLED
ESKIMO
FAIRBANKS
GLACIER
GLACIER BAY
GOLD RUSH
GRIZZLY
ICEBERG
IDITAROD
IGLOO
INUIT

JEWEL
JUNEAU
KETCHIKAN
KLONDIKE
KODIAK
MOOSE
MT. MCKINLEY
MUSHING
NOME
PERMAFROST
PETROLEUM
PIPELINE
POLAR BEAR
SALMON
SEAL
SEWARD
SITKA
TUNDRA
WOLF
YUKON

Arabic numerals were not invented by Arabs; they were invented in India.

```
C J L L X G T H F G Q E E Y E H R S B S D
C U G O H H T U G X H L S I F N S Z L E I
W H X O W L S G N A K I H C T E K I D O W
D Z Z N H V H U E D T H H T R A P Y O X O
T L T J M T S S R L R C U K I O T L R X A
V E V B K Y G N N D Y A A D I U V Z A U T
C X J O W N Q O S G L I W L E O N Z T N P
W G U T I C B K I R D O Y E B L Q I I D E
X Y N R T S G U T O R F G M S E S R D K O
P B E I E R K Y K E C A R I B O U G I N O
E B A L H A Q N A N Q S E N E I O D O J G
T G U R N S A C A B M S B B D V N M T D V
R L A M R I U E L B R N E F R O L E U A X
O D P R Q O K M O E R E C G L A C I E R E
L P Y V O D W C C R S I I K S E L C L C N
E D F L T H A I M P O C A C C X W O A T I
U D G B Y X C W Y T S O R F A M R E P I L
M I M V U A Y N L E M Q Z K N L Q M J C E
X Q R G X X V A A G L L F L O W G O Z Y P
H P H I L I B L G O M I K S E D E N A L I
F M W L L Z I M P U W M M Z F M A B P S P
```

HOUSE RULES

"When you're safe at home you wish you were having an adventure;
when you're having an adventure you wish you were safe at home," said
Thornton Wilder. Here, we're safe at home. (Answers on page 239)

ATTIC
BASEMENT
BATHROOM
BEDROOMS
BEDS
BUNGALOW
CARPET
CHAIRS
COTTAGE
DEN
DOOR
EAVES
ESTATE
FAMILY
FIREPLACE
FOUNDATION
FRAMING
GARAGE
KITCHEN
LIGHTS

LIVING ROOM
MANSION
PATIO
PLASTER
RANGE
REFRIGERATOR
ROOF
RUGS
SCREENS
SHEETROCK
SHELTER
SIDING
STAIRS
STONE
STOVE
STUCCO
STUDS
WINDOW
WOOD
YARD

Most words ever printed on a postage stamp: 746, on a Greek stamp issued in 1954.

```
                        D
                      G C E
            S S       A A H A
          S T T K     B P R A V
          T U O X     F A S A I E
          O C V I R E L T I G R S
          N C E A L S S F H D E S G
      B D E O M I H C N O C R I Q I I
    R E F R I G E R A T O R A O N D S Q
  K E D K N H L E M O E R I Y E O G T L P
  I G R G T T E O O V O C C S O U M U W Q G
  T A O S E N F G O T W D A W N Y W D H E E
  C T O R S S O T R E T S A L P A Y S T G B
  H T M R O H U N G P A T I O P J M A N S U
  E O S C W E N E N R         V E T A T Y N
  N C C G I E D M I A         B S R A L E G
  W L C V N T A E V C         E F I I D J A
  V H U O D R T S I M         D R M K F V L
  Z V B U O O I A L N         S A L F I Y O
  I K W Z W C O B B T         F X A I E E W
  O V F Y N K N E O Z         N R U G S S J
```

The official name of the city of Bangkok is 167 letters long.

SEWING CIRCLE

Our sewing quote of the day: "Veni, vidi, velcro—I came, I saw, I stuck around." (Answers on page 239)

BATTING
BEADS
BIAS SEAM
BOBBIN
BUTTONS
CHALK
CRAFTS
CUTTER
DARTS
DRESS
ELASTIC
EMBROIDERY
FABRIC
FASTENER
FRENCH SEAM
GATHER
HEMLINE
INTERFACING
IRONING
KNITTING

MACRAME
NEEDLES
NEEDLEWORK
PANTS
PATTERN
PIN
PINCUSHION
PLEAT
QUILT
RIBBON
RUNNING STITCH
SCISSORS
SEQUINS
SEWING MACHINE
SLEEVES
THIMBLE
THREAD
TREADLE
YARN
ZIGZAG

There are 47 sentences in the Declaration of Independence.

```
L Z R Q O D A R T S A E M T F Y F G X T K
Z I F J T H R E A D R F B U H B K P U B R
X E S L E E V E S T N A P M O N E P Q P S
Z M X E T M A E S S A I B C I R B A F A L
E S D S N I U Q E S N O T T U B J K D F G
M N T T X E B D N E F O T N E E D L E S M
B Q I F V R P D E R E I N Y K P K T V Q P
R S W L A O Z D E F N I B B O B C I S O A
O C V Q M R L N L G N R J D R O Q U I L T
I B U O M E C X A G A T H E R W K M C X T
D I M P W H H E S E W I N G M A C H I N E
E O Q O S W Z T T R X E Y G Y S N G A O R
R X R E O C I R I N T E R F A C I N G I N
Y K A H G T E B C S A A R D R I R I B H Q
E M P K C A B R A N K U E F N S O T R S A
P T K H D O Z F L J L M T L G S N T G U B
C Y X L N W E G W Y A R T D P O I A J C Q
L X E E A B E S I R M L U V R R N B P N L
W A H G K H U I C Z Z W C J Y S G K V I O
V T W W B Z C A H C J W C G L B R W N P K
D D R E L B M I H T O W Z A Z X I X A S H
```

The word "Bible" does not appear in any of Shakespeare's works.

THE MERIT SYSTEM

This grid is in the shape of the Boy Scouts of America merit badge for First Aid. Find that and 33 other current Boy Scout merit badges, and the leftover letters will reveal the names of five more. (Answers on page 240)

AMERICAN CULTURES
ARCHERY
ARCHITECTURE
AUTO MECHANICS
BASKETRY
BIRD STUDY
CLIMBING
COIN COLLECTING
DENTISTRY
ENERGY
ENGINEERING
FIRE SAFETY
FIRST AID
FISHING
FORESTRY
GARDENING
GOLF

HIKING
HORSEMANSHIP
LAW
MEDICINE
MUSIC
NATURE
PETS
PLANT SCIENCE
PLUMBING
RADIO
ROWING
SCULPTURE
SNOW SPORTS
SWIMMING
TEXTILE
THEATER
WEATHER

Crypto: *K lqns nyu *K jbseqv. *K mqq nyu *K sqxqxwqs. *K ub nyu *K gyuqsmvnyu. —*Rbyjgrkgm

```
            P F C I S U M O
          T H O E P L U M B I N G
        E S R N A T E I R M W E R I
      T B E E H O R S E M A N S H I P
    A D S R G E U S C I L B N C C L U D
    E T G U A T F I N H G D I I E R P G
  R R Y I T P D N M E D I C I N E T N N I
  Y Y N D L G N I U     Y T T A G I C I L
  R R E U U A R S O     C R E H T A E W I
  E T C G C T E         T C E S N O C
  H S E N N M S         E E T A R R F
  C I G I A I T D A     N L M M K U T I M
  R T A N C L R T R     L A S O T S R E F
  A N U E I D O E Y I O G E T T N E A E R
    E E D R H P X E C B A G L U S O G B
    D Y R E A S T N N N N D O A R S H O
      T A M S W I M M I N G F L G E U
        G A N O L F K S G E H O F O
          E C N E I C S T N A L P
          S H T I Y N G E
```

LEFTOVERS YOU CAN'T EAT

Well, you can, but we don't recommend it. (Answers on page 240)

ASHES
CHAFF
DEBRIS
DETRITUS
DRECK
DREGS
DROSS

EMBERS
HULLS
JUNK
LEAVINGS
LITTER
OFFAL
REFUSE

REMAINS
REMNANTS
RESIDUE
RUBBISH
RUBBLE
RUINS
SALVAGE

SAWDUST
TRASH
WASTE
WRECKAGE

```
T E W D V A L H R R E K R
S D G X S A C U U A M T G
U C H A F F B B G L E R Y
D Y J F V B B U F Z L A F
W R O Y I L K C E R D S K
A E O S E G A C M E S H V
S F H S G G R S T K N U J
V U S G S N A R S N I U R
S S I E L R I K K R A E E
H E R R H T E V C V M T T
M H B D U S F B A E E S T
U N E S T N A N M E R A I
W V D R E S I D U E L W L
```

During one speech in 1961, John F. Kennedy spoke an average of 327 words per minute.

GONE FISHIN'

These good things come from the sea. (Answers on page 240)

ANCHOVY   KRILL   SHARK
CARP   LOBSTER   SHELLS
CLAMS   MACKEREL   SHRIMP
CLOWNFISH MARLIN   SNAPPER
COD   OCTOPUS   SQUID
CORAL   OYSTER   TUNA
EEL   PLANKTON   WAVES
HADDOCK   SALMON   WHALE
HERMIT CRAB SALT AIR
HERRING   SARDINE

```
            C L A M S
              E H A H
              E L R E
S L H         L R T S L
  X L U       P A D M A M O I N
  R Q S   K H T I I I A C O N H
  Q E F A P W A N U T R C T     E K
    V T W L H R A D Q C E K O   R N H
    L M S A M S A O S R N E P C A R S J
    A H D Y V O H C N A I R U H B I S E
  E R D O   O E N E L B D E S R F N L
  I O O     L S P L B R L E N A G
 M C C      M Q S L A T W P X
P K C         C T S O P
              B L E Y
              O C R P
          L L I R K
```

Most Americans speak about 125 words per minute.

POTTER-MANIA!

*Everyone's favorite boy wizard stars in a puzzle
even a muggle can do. (Answers on page 241)*

ALCHEMY

CATS

CENTAUR

DEATH EATERS

DRACO

DUMBLEDORE

FANTASY

FAWKES

GIANT

GOBLIN

GRIPHOOK

GRYFFINDOR

HAGRID

HARRY POTTER

HEDWIG

HERMIONE GRANGER

HOGWART'S

HOKEY

HUFFLEPUFF

J.K. ROWLING

LIGHTNING SCAR

LUNA

MAGIC

MUGGLES

NEVILLE

OWLS

POMONA SPROUT

POTIONS

QUIDDITCH

RAVENCLAW

RON WEASLEY

SEVERUS SNAPE

SIRIUS BLACK

SQUIBS

SYBILL

THESTRAL

UNICORN

VOLDEMORT

WINKY

WIZARDS

There are 31 counties in America named for George Washington.

```
T N L N K V F A W K E S I H W R A R H G R
Y H Z A J G S O N Z N J G E A P W O K D E
E R E E N D H S Q U I B S I V G G R I S O
L S M S R E U Z N T L Y K N I W R H C L Z
S N Y A T R V M T R B F Y F A E S I H K A
A O Z L K R U I B I O H C R L P G Z D W H
E I E C K X A A L L G C T E F A N T A S Y
W T F H W C V L T L E S I G M N I H T R Y
N O D E L H A R M N E D L N C S L K E I W
O P E M K S E L A P E B O A U S W Y K R A
R U H Y A I C D B D O C A R D U O J D C Y
K U K V P O P Y W S R M H G E R R K L E R
D L E R O L T B J I U C O E A E K O K H Z
T R O D N I F F Y R G I A N T V J O L C Q
S A H A R R Y P O T T E R O A E H H S T R
A O R A C S G N I N T H G I L S Q P J I V
T B W A L C N E V A R O U M S X P I A D B
E Y V L T C V O L D E M O R T B Q R E D I
G C A T S R E T A E H T A E D D V G O I L
P Y Y P F F U P E L F F U H S E L G G U M
R N H U G S T R S P P K I D M S M I L Q T
```

The word "toy" comes from an old English word that means "tool."

ALL VERY HUSH-HUSH

*The Secret Service uses code names for everyone it's supposed to keep
an eye on. Your mission is to find the 32 code names in the American
eagle grid, after which the leftover letters will reveal the code names for
a celebrity friend of the White House, a prime minister, and a governor
with connections. But don't tell anybody, okay? (Answers on page 241)*

ANDY: Andrews Air Force
Base, Maryland

ANGEL: Air Force One

CACTUS: Camp David,
Maryland

CEMENT MIXER: White House
Situation Room

DANCER: Rosalyn Carter

DASHER: Jimmy Carter

DRAGON: Walter Mondale

DYNAMO: Amy Carter

EAGLE: Bill Clinton

EVERGREEN: Hillary Rodham
Clinton

FLAG DAY: Speaker of the House

FLOTUS: The First Lady

HALO: Pope John Paul II

HANDSHAKE: Secret Service
Office

HILL TOP: Treasury Department

KITTYHAWK: Queen Elizabeth II

LANCER: John F. Kennedy

PACEMAKER: Vice President's
staff (pre-Cheney)

PASSKEY: Gerald Ford

POTUS: The President

PUNCH BOWL: Capitol
Building

RAINBOW: Nancy Reagan

RAWHIDE: Ronald Reagan

SCORECARD: Dan Quayle

SEARCHLIGHT: Richard Nixon

SHEEPSKIN: George H. W. Bush

STAGECOACH: President's
limousine

STARLIGHT: Pat Nixon

TRANQUILITY: Barbara Bush

TUMBLER: George W. Bush

UNICORN: Prince Charles

VOLUNTEER: Lyndon
B. Johnson

```
        N A                     N P
      O L R         E O N       R V F
    Y O O R A         R E       P O T U S
    E F E L R W         A L       P L C A Y N
  D K H K S A S H G I N A A U T I D A Y R
  R S E A R C H L I G H T N N A N C D T E
  A S S K D N E A R D F T T C A U S G I K
D C A T P A C E M A K E R U H E U O A L I R
R E P A A M H P E E E N A M B T R N L I T O
A R O G C R H S E R A I N B O W G E F U T M
G O T E M   L K D B G E G L W E   I C Q Y A
O C L C N   T I R N I R F E L P   P A N H N
N S L O       N G E A R E R F       C A A Y
O R I A         J H E H B V         T R W D
  B H C   C E M E N T M I X E R U   U T K
  S   H                             S   H
```

Every two weeks, a language becomes extinct.

INDIAN TRIBES

Many tribal names are now the names of cities or part of our language—
Cheyenne, Mohawk, Winnebago, and Pueblo, to name a few. Those and
36 other Native American terms appear in the grid. (Answers on page 242)

ANASAZI	NAVAJO
APACHE	OJIBWA
ARAPAHO	ONEIDA
BLACKFEET	OTO
CHEROKEE	PAIUTE
CHEYENNE	PENOBSCOT
CHOCTAW	PEQUOT
COMANCHE	POMO
CROW	POTAWATOMI
FOX	POWHATAN
HAVASUPAI	PUEBLO
HOPI	SAC
IROQUOIS	SAUK
LENNI LENAPE	SHAWNEE
LUMBEE	SHOSHONI
MOHAVE	SIOUX
MOHAWK	TETON
MOHEGAN	UTE
MONTAUK	WINNEBAGO
NANTICOKE	ZUNI

```
Y R W P E W W D O Z T D Y N F J Q L B F M
U I G W G D R I R W A E U H C Q M J B L D
B K R T J B F J B U P K T X Z C P O N F N
N P L J O J A V A N A M W O N G I P X C A
H A V A S U P A I U C O R A N A S A Z I F
I S T M Q E Q B E Y H N L N H Z G V A U T
E Y I U O Q X E E O E T U G X O J I B W A
S K P O B H N S P O T A W A T O M I C T K
A D O V U W A I A Q X U O I S B F P W P W
T I C C A Q L V N U H K W H D Z T E Y N N
P I A H I L O C E J K P O M O B H J F I P
N N S Q Y T H R L Z P S R W R C O A N U E
I O G A B E N N I W H O C I N U Z H E X N
U A D D Y M S A N O M R W A Q Q P B A W O
D L N E A D I E N O E O M H D R L C A A B
J V N F L R T I E Q D O H I A O P T M G S
R N E M B U A B L A C K F E E T C C B N C
E K U Z I J M P R W J L O I G O A S I F O
H W N A D W J B A E E V R F H A A N O H T
J L P E E K O R E H C P F C M I N Q S Z G
B S K K J G E N U E O X N N G S S Z L N W
```

The term "mayday" comes from the French *m'aidez*, which means "help me."

FAMOUS LEFTIES

What do Michelangelo and Bart Simpson have in common? They're both southpaws—and both are in this L-shaped puzzle. (Answers on page 243)

BART SIMPSON
CARY GRANT
CLARENCE DARROW
DAVE BARRY
GERALD FORD
H. G. WELLS
HARPO MARX
HARRY S. TRUMAN
HENRY FORD
HERBERT HOOVER
JAY LENO
JULIUS CAESAR
M. C. ESCHER
MARK TWAIN
MICHELANGELO
NATALIE COLE
PAUL KLEE
PAUL MCCARTNEY
PAUL SIMON
PHIL COLLINS
RAPHAEL
ROBERT DE NIRO
SEAL
TED KOPPEL
TIM ALLEN

There are 1,600 hostile references to left-handers in the Bible.

```
B O R P Y W G Z
A M F C P O M L
R I Y S H R J X
T C R N W R J O
S H R I F A U R
I E A L Y D P I
M L B L M E A N
P A E O G C U E
S N V C E N L D
O G A L R E S T
N E D I A R I R
H L T H L A M E
C O P P D L O B
A A J Z F C N O X R A M O P R A H A Z T S
R E V O O H T R E B R E H M A M I O Y S H
Y E N T R A C C M L U A P N R U A W H X H
G F T Y D R O F Y R N E H G W E L L S X E
R E H C S E C M S F U H N I A W T K R A M
A J U L I U S C A E S A R L V Y X J L S F
N A M U R T S Y R R A H L E P P O K D E T
T I M A L L E N A T A L I E C O L E R K E
```

The Latin word for left is "sinister."

GOING, ABROAD

*Here we've provided translations of the all-important phrase
"Where is the bathroom?" in 24 different languages. When you've
found them all, the leftover letters will tell you what you can expect
in the bathrooms of a certain country. (Answers on page 242)*

AI HEA LUA?
(Hawaiian)

CHOO KIKO WAPI?
(Swahili)

DÓNDE ESTÁ EL BAÑO?
(Spanish)

DOV'É IL BAGNO?
(Italian)

EIFO HA'SHERUTIM?
(Hebrew)

GDE ZDES TUALET?
(Russian)

GDJE JE TOALET?
(Bosnian)

GDZIE JEST TOALETA?
(Polish)

HOL A MOSDÓ?
(Hungarian)

HVOR ER TOILETTET?
(Danish)

KAMAR KECIL DI MANA?
(Indonesian)

KIE ESTAS LA NECESEJO?
(Esperanto)

KUR YRA TUALETAS?
(Lithuanian)

KUS ON VÄLJAKÄIK?
(Estonian)

NASAAN ANG KASILYAS?
(Tagalog)

ONDE ESTÁ O BANHEIRO?
(Portuguese)

OU SONT LES TOILETTES?
(French)

PIÄN-SÓ TÏ TÓ-UÏ?
(Taiwanese)

TORIE WA DOKO DESU KA?
(Japanese)

UBI ES LE LAVATORIO?
(Interlingua)

UNDE ESTE TOALETA?
(Romanian)

VU IZ DER BODTSIMER?
(Yiddish)

WAAR IS HET TOILET?
(Dutch)

WO IST DIE TOILETTE?
(German)

There are 1,586 daily newspapers in the United States.

```
L  A  V  A  C  H  O  O  K  I  K  O  W  A  P  I  T  O  R  I  E  S
C  D  A  N  B  E  F  N  O  U  I  N  D  I  N  F  R  A  U  S  N  C
O  O  E  B  K  A  M  A  R  K  E  C  I  L  D  I  M  A  N  A  Y  A
R  V  I  S  K  I  N  S  G  O  E  U  S  O  N  U  O  T  D  T  L  E
I  E  U  O  S  K  T  A  O  I  S  A  L  E  B  T  D  T  E  E  E  S
E  I  O  B  U  U  U  A  T  Y  T  O  I  I  U  M  S  I  E  L  G  G
H  L  T  H  T  S  N  N  O  T  A  L  E  H  I  K  O  E  S  A  D  I
N  B  I  T  W  O  O  A  H  E  S  S  N  Y  E  O  M  U  T  U  E  G
A  A  T  E  T  N  T  N  H  E  L  R  E  S  I  A  A  E  E  T  Z  E
B  G  O  N  C  V  E  G  T  E  A  A  S  B  I  L  L  L  T  A  D  I
O  N  S  Y  W  A  I  K  L  L  N  L  D  E  R  A  O  U  O  R  E  F
A  O  N  A  B  L  E  A  T  S  E  E  D  N  O  D  H  S  A  Y  S  O
T  A  A  I  D  J  V  S  F  R  C  S  A  T  N  C  E  I  L  R  T  H
S  S  I  W  A  A  R  I  S  H  E  T  T  O  I  L  E  T  E  U  U  A
E  A  P  C  T  K  O  L  U  N  S  S  T  O  R  Y  W  H  T  K  A  S
E  E  R  O  E  A  T  Y  H  E  E  M  O  N  I  E  Y  F  A  A  L  H
D  L  R  L  S  I  A  A  P  J  J  A  R  T  B  L  U  T  Y  O  E  E
N  I  U  C  A  K  U  S  E  D  O  K  O  D  A  W  E  I  R  O  T  R
O  W  O  I  S  T  D  I  E  T  O  I  L  E  T  T  E  T  A  N  T  U
T  E  A  R  T  H  Z  H  V  O  R  E  R  T  O  I  L  E  T  T  E  T
E  V  U  I  Z  D  E  R  B  O  D  T  S  I  M  E  R  T  O  E  I  I
L  E  T  P  G  D  J  E  J  E  T  O  A  L  E  T  A  P  E  R  S  M
```

There are 63 possible arrangements of the dots in the braille system.

IRELAND

An Irish toast proclaims, "May you have warm words on a cold evening, a full moon on a dark night, and the road downhill all the way to your door." We proclaim, "May you find all the Irish things in this grid shaped like the Emerald Isle." (Answers on page 243)

ABBEY THEATRE
BECKETT
BELFAST
BLARNEY STONE
BLOOMSDAY
BOOK OF KELLS
CELTS
CORK
DANNY BOY
DUBLIN
EMERALD ISLE
ENYA
GALWAY
JAMES JOYCE
KILDARE
KILLARNEY
LIMERICK
SHAW
SHERIDAN
TIPPERARY
ULYSSES
WILDE
YEATS

Longest word ever used in a published crossword...

```
            P Y V T
          Y O B Y N N A D
          Y E N R A L L I K
          I N T D D C H V A R
      Q V U     H S I T S N R H N W
    T I P P E R A R Y S M R M I H L
    T O P L F E U J L O E L Y A E
    M P I L H V K K L O M Z J G
  J A M E S J O Y C E L E X
    T B R E N N O I K B R X
        T S V R Y R F O A J
      H A S K C R E O Y L O
    B W E Y E G R M K A D N
  F V A H L S P N I O W I B
V P V H T U T H A L O L S J
C E N O T S Y E N R A L B A L
G I K R T T E K C E B U M G E
  V O Q S A B E R A D L I K
  W I L D E B Y Q
  F E N Y A
```

...Llanfairpwllgwyngyllgogerychwyrndrobwllllantysiliogogogoch (a Welsh town).

THE JET SET

*We can't promise this puzzle will reserve you a room
at the Plaza, but it will bring you a little closer to the folks
who are living the high life.(Answers on page 243)*

ACAPULCO
A LIST
BEAUTIFUL PEOPLE
BODYGUARD
CANNES
CELEBRITY CULTURE
CONCORDE
DIAMONDS
ELITE
EXCLUSIVE
HELICOPTER
HIGH SOCIETY
IGOR CASSINI
IN CROWD
JEWELRY
LA DOLCE VITA
LAMBORGHINI

LIMOS
LUXURY
PAPARAZZI
PARIS
PEBBLE BEACH
PORTOFINO
PRIVATE PLANE
RICH AND FAMOUS
RIVIERA
ROCK STARS
ROYALTY
ST. TROPEZ
SUPERSTARS
TABLOIDS
TRAVEL
WEALTH
YACHT

An ananym is a psuedonym created by spelling someone's name backward...

```
W  I  E  T  K  P  P  S  R  A  T  S  R  E  P  U  S  X  P  T  Y
D  V  F  R  Z  I  R  P  U  D  E  G  F  G  C  D  D  U  W  U  O
B  C  P  P  E  W  I  G  O  R  C  A  S  S  I  N  I  F  G  L  W
S  R  I  T  E  Y  S  E  N  N  A  C  C  P  S  N  O  X  Z  E  Y
I  D  I  A  M  O  N  D  S  C  I  V  Y  T  C  V  L  Q  N  R  T
N  Y  L  L  E  D  C  E  U  M  T  F  T  R  H  T  B  Q  D  A  E
I  T  I  I  L  G  Z  L  H  L  V  R  O  W  U  C  A  V  M  V  I
H  L  M  S  P  V  Z  N  U  V  O  W  P  T  M  X  T  S  I  I  C
G  A  O  T  O  K  S  U  L  P  D  L  P  A  R  Q  U  S  C  C  O
R  Y  S  T  E  E  E  M  E  A  A  Z  R  C  Z  O  U  L  B  V  S
O  O  Q  A  P  N  E  Z  R  Y  Y  C  M  O  M  L  P  W  O  M  H
B  R  E  U  L  A  X  O  I  K  R  M  A  A  C  L  N  P  D  O  G
M  E  K  M  U  L  K  P  W  L  Q  L  F  X  D  K  C  E  Y  P  I
A  T  N  M  F  P  O  M  R  Q  Y  D  E  R  N  M  S  L  G  A  H
L  P  R  N  I  E  D  R  O  C  N  O  C  W  Q  L  R  T  U  P  R
Z  O  K  B  T  T  U  C  L  A  D  O  L  C  E  V  I  T  A  A  C
J  C  F  U  U  A  F  O  H  C  I  K  A  W  E  J  V  R  R  R  C
P  I  B  S  A  V  D  C  C  B  X  O  U  T  D  P  I  A  D  A  S
X  L  Z  L  E  I  I  G  V  P  A  R  I  S  F  U  E  V  V  Z  W
C  E  L  E  B  R  I  T  Y  C  U  L  T  U  R  E  R  E  D  Z  P
T  H  C  A  Y  P  E  B  B  L  E  B  E  A  C  H  A  L  C  I  E
```

...like Oprah's production company, Harpo.

NOT FOR EXPORT

Many products lose something in translation…particularly Japanese products, for some reason. (Since that's where most of the products in the grid came from, we've indicated only when the product originated elsewhere.) Once you've found all 32 of them, the leftover letters will reveal a few more that definitely should have stayed on their own side of the globe. (Answers on page 244)

AIR SMASH (candy)

ASS GLUE (patent medicine—China)

BIMBO (donuts—Mexico)

BONGO FRIENDEE (car)

CALPIS NUDE (soft drink)

COLON PLUS (liquid detergent—Spain)

CREAP (powdered coffee creamer)

CRUNKY (chocolate)

EASE YOUR BOSOMS (coffee marketed as an antidote to stress)

EVERY JOY POP TURBO (car)

GOD-JESUS (toy robot)

HOMO SAUSAGE (beef jerky)

KOFF (beer—Finland)

KOWPIS (fermented milk drink)

LIBIDO (soda—China)

MAMA POCKETY (carrot-scented dish detergent)

MUCOS (soft drink—Philippines)

NAIVE LADY (toilet paper)

NATUROT (cookies)

PICKLE EX (candy)

PIPI (orangeade—Yugoslavia)

PLOPP (chocolate—Sweden)

POCARI SWEAT (sports drink)

POCKET WETTY (tissues)

POCKY (candy)

POLIO (laundry detergent—Czechoslovakia)

PORKY PORK (a presumably pork-flavored snack)

PSCHITT (soft drink—France)

SCRUM (car)

SLASH (chewing gum)

SUPER PISS (solvent—Finland)

SUPER WINKY (condoms)

Phobatrivaphobia is a fear of trivia about phobias.

```
                  I  P  I  P  C
               C  G  R  E  O  S  O  E  N
            P  P  A  E  R  C  I  U  L  R  L  E  S
         H  I  S  L  M  A  M  A  P  O  C  K  E  T  Y
      A  S  J  A  P  R  P  A  N  E  N  E  S  Y  E  L  A
      W  A  T  T  I  H  C  S  P  R  P  L  O  P  P  N  P
   E  U  L  G  S  S  A  F  F  E  W  L  B  I  M  B  O  R  T
   S  I  S  W  L  N  I  I  F  Z  I  U  E  R  S  L  H  R  I
T  N  U  E  T  O  U  I  P  S  O  N  S  O  D  I  B  I  L  K  A
S  A  A  S  P  I  D  C  Y  W  P  K  E  P  O  P  E  R  S  A  P
U  T  C  U  E  V  E  R  Y  J  O  Y  P  O  P  T  U  R  B  O  E
F  U  R  P  O  J  M  G  P  I  C  K  L  E  E  X  H  A  C  N  A
A  R  A  E  E  E  D  N  E  I  R  F  O  G  N  O  B  K  N  I  N
   O  D  R  F  M  H  O  M  O  S  A  U  S  A  G  E  R  R  A
   T  O  P  M  U  T  A  G  I  C  W  A  N  T  T  H  S  I  E
   R  I  E  C  S  P  L  I  R  T  T  L  W  E  M  V  H
   U  S  M  O  S  O  B  R  U  O  Y  E  S  A  E  S  S
      S  Y  S  A  C  W  R  N  I  T  T  S  L  I  N
         G  T  A  K  R  B  K  T  L  H  A  E  T
            F  Y  O  U  Y  R  G  D  I
               R  L  M  S  Y
```

Fractured phrase: If diversity is the seasoning of existence, then…? (Variety is the spice of life.)

BOND, JAMES BOND

No junk Bonds here! Just true-blue 007-related search terms for the spies who love us. (Answers on page 244)

ASTON MARTIN
BAMBI
BERETTA
DANIEL CRAIG
DIANA RIGG
DIE ANOTHER DAY
DR. NO
FOR YOUR EYES ONLY
GERT FROBE
GOLDENEYE
GOLDFINGER
HALLE BERRY
HONEY RYDER
HONOR BLACKMAN
IAN FLEMING
JACK LORD
JAWS
JUDI DENCH

LIVE AND LET DIE
MARTINI
MISS MONEYPENNY
MOONRAKER
OCTOPUSSY
ODDJOB
PIERCE BROSNAN
PLENTY O'TOOLE
PUSSY GALORE
ROGER MOORE
SEAN CONNERY
SPECTRE
TALISA SOTO
THUNDERBALL
TIMOTHY DALTON
URSULA ANDRESS
WALTHER PPK
XENIA ONATOPP

```
W T A L I S A S O T O J U D I D E N C H V
F J Q B O S E A N C O N N E R Y L P E N S
P H M O J W T S Z D K E B O R F T R E G F
Y A M U K A T C M P F C L G R H N X C X P
B N O D D J O B P H L K U N D O A T H U A
E E N A N S O R B E C R E I P N M H O F C
N I R E Y A E T T A S M E M U E K U H M Y
N S D E P H G E J U I A S E S Y C N M R J
I K X T T Y R O L N N R G L S R A D R E J
T V C L E T E A L O Z T G F Y Y L E G L N
R U A K C L A N T D H I I N G D B R I O R
A W C E O N D H O V F N R A A E R B A O O
M M P O D V E N N M H I A I L R O A R T G
N S H R H R W H A H S K N L O E N L C O E
O X E S D N T F N E X S A G R K O L L Y R
T S D A S C L R M X V H I M E A H D E T M
S I Y S S U P O T C O I D M P R E O I N O
A E L T I M O T H Y D A L T O N C L N E O
V T B M Y H Q G H X V B D H E O L O A L R
J W Y L N O S E Y E R U O Y R O F W D P E
W J P P O T A N O A I N E X J M E J F Q M
```

MONSTERS, INC.

Look out, because we've hidden 48 of the scariest movie-monster names and titles in the Dracula-shaped grid. Once you've found all of them, the leftover letters will reveal the…er…troublesome ending of the 1958 movie The Blob. *(Answers on page 247)*

ALIEN
ANTS
BASILISK
BLOB
BODY SNATCHERS
CARRIE
CHILDREN OF THE CORN
DEMON
DEVIL
DRACULA
DRAGON
FRANKENSTEIN
FREAKS
FREDDY KRUEGER
GHOSTS
GODZILLA
GORT
GREMLINS
HAUNTED HOUSE
(THE) INVISIBLE MAN
JACK THE RIPPER
JAWS
KING KONG
LEATHERFACE
MARTIANS

MICHAEL MYERS
MIKE WAZOWSKI
MORLOCK
MR. HYDE
(THE) MUMMY
NORMAN BATES
PHANTOM OF THE OPERA
POLTERGEIST
PREDATOR
RAPTORS
ROBOTS
RODAN
SERPENT
SKELETON
SPECIES
SPIDER
(THE) TERMINATOR
THE FLY
THE OMEN
(THE) THING
WICKED WITCH OF THE
    WEST
WOLF MAN
WORMS

Lone Star Beer has rebus puzzles under the caps of its bottled beer.

```
I                                                                           F
K                                                                           R
S  T                                                                     H  A
W  P                                                                     R  N
O  G  E                                                               E  E  K
Z  R  C  C                          Y  C                        P  K  S  E
A  E  A  F  I              W  R  H  M                    O  O  I  E  N
W  M  F  P  Z  E           E  O  I  I                 E  E  L  N  T  S
E  L  R  T  T  A  S           C  L                 H  I  I  N  G  A  T
K  I  E  E  N  O  S  D     N  H  D  D  F  R     T  R  S  O  E  K  B  E
I  N  H  P  P  P  R  E  D  A  T  O  R  P  M  F  R  A  D  E  M  O  N  I
M  S  T  E  I  P  D  S  E  D  I  T  E  A  O  A  B  S  T  T  O  N  A  N
H  E  A  D  E  V  I  L  T  O  H  W  N  M  C  N  N  W  O  R  E  G  M  T
T  H  E  F  L  Y  M  R  S  R  A  B  O  D  Y  S  N  A  T  C  H  E  R  S
H  R  L  P  O  Y  B  T  E  L  U  T  F  R  M  E  N  J  B  A  T  O  O  T
   R  C  K  E  O  S  T  W  H  N  H  T  A  M  S  K  E  L  E  T  O  N
   M  O  R  L  O  C  K  E  A  T  S  H  C  U  S  E  N  I  A  N  E  D
      S  B  H  O  O  N  H  L  E  K  E  U  M  E  N  F  N  L  P  R
         I  G  O  R  T  P  T  L  D  A  C  L  S  N  A  I  T  R  A  M
            G  U  T  R  O  F  I  H  E  O  A  E  F  M  D  E  G  O
               N  G  S  L  O  Z  O  R  R  L  J  R  E  S  O  O
                  B  T  H  D  U  F  N  A  E  E  L  N
                     E  C  O  S        T  D  D  B
                     R  T  G  E        L  Y  D  I
                     G  I  N              H  Y  S
                     E  W  I              R  K  I
                     I  D  H              M  R  V
                     S  E  T              W  U  N
                     T  K                 E  I
                     N  C                 G  A
                     A  I                 E  R
                  M  I  W                 R  N  G
```

In ancient Greece the word *idiot* meant a private citizen or layman.

GETTIN' SAUCY

All we can say about this puzzle is…good gravy! (Answers on page 245)

ANCHOVY
BARBECUE
BEARNAISE
BECHAMEL
BROWN
CHILI
CURRY
ESPAGNOLE
GASCONY
GRAVY
KETCHUP
MARENGO
MARINARA
MEUNIÈRE
MORNAY
MUSTARD
NEWBURG
NICOISE
PESTO
REMOULADE
TABASCO
TOMATO
VINAIGRETTE

When wind speeds in a cyclone reach more than 119 miles per hour, it's called a typhoon.

```
R T E A C M I O Y M F T Q E L M S K R O C
V A E T A L O C O H C I O X E E T T B O H
O P Y H Q J T O M A T O T N M U C G N G U
W E U C E B R A B A L L E M A N D E N V F
V G W K H H R I R Z Y E A F H I K R G J N
V P R A S E H T I A T O A E C E L T J C I
F T E U N E A U H U N V N L E R K I H O C
K I M G B R X H O I S I N N B E Y I C X O
T T O B U W P L Z Y V A R G A R L E R I I
J I U T C X E T T E R G I A N I V N M K S
N T L Z J V G N B Y A N R O M H S K U C E
W B A L S A M E L L A H U E O S B E G N G
O R D B S J A Y S P N D S M T R A T L A Y
V O E C A R P O S I M P J I E E N C P L W
B W O Q N S M U S T A R D A F T C H E B R
K N L A Z N C V F G M L D G M S H U S E K
Y F I G P R S O N N R X E H T E O P T R B
Q S E N I T U O P A C M B D Y C V S O R D
E I F S J H L B C R A N B E R R Y R R U C
H R R U X E E S I A D N A L L O H U C E L
I A Q B O D E R F L A S L A S W B K V B V
```

PLAY TIME

Twenty-seven fun toys for kids of all ages. (Answers on page 245)

ACTION FIGURES
BALLS
BARBIE DOLL
ELECTRIC TRAIN
ERECTOR SET
ETCH-A-SKETCH
HULA HOOP
JACK-IN-THE-BOX
JACKS
JUMPROPE
KALEIDOSCOPE
LEGO BRICKS
LINCOLN LOGS
MARBLES
MATCHBOX CARS
NERF BALL
NEWTON'S CRADLE
PICKUP STICKS
PLAY-DOH
PUZZLES
RUBIK'S CUBE
SILLY PUTTY
SOLDIERS
TINKERTOYS
TOP
WHISTLE
YO-YO

Napoleon was said to have played "patience" (solitaire) during his exile.

```
M Y H N Q W C H F T N G L Q S I V U R
R I T I N K E R T O Y S E I V Y N S K
B R E T H H M U Y D S V Q A X O I J F
V F S X U O A Z G E E N R O N Q A A S
J S R E O P D A S O L D I E R S R T P
D K O S B B Y Y Z I Z S L H W K T D D
P C T J R U E L A R Z C L E R C C Y D
J I C L B A C H L L U T L L V I I H W
E T E M A N C S T I P T U R A R R H L
U S R O I L L X K N S O M L F B T C I
B P E L Y L J S O I I Q O T P O C T N
J U M P R O P E H B B K N H X G E E C
J K K W O D Y W M G H U C C A E L K O
B C T N N E W T O N S C R A D L E S L
M I A W C I K O Y K J M T Q J G U A N
Y P R C T B O P X U S K C A J T B H L
L L A B F R E N S E L B R A M F M C O
V U B O K A L E I D O S C O P E G T G
J V J E W B A C T I O N F I G U R E S
```

There are 23 tenses in India's Santali language.

MORE WORD GEOGRAPHY

The eight words hidden in this mini-grid come from all over the planet. Figure out what the words are from the clues about their origins and then find them in the grid. The leftover letters will reveal something you probably didn't know about the origins of another word. (Answers on page 246)

1. England's 200-year occupation of India led to many borrowed Hindustani words. An Indian *bangla* is a one-story house, often with a roofed porch (in Hindi, a *veranda*). *Bangla*—which literally means "from Bengal"—was anglicized to

   _____.

2. The ancient city of Byblos was where the Phoenicians converted a plant called papyrus into a type of paper. Greeks called the paper *biblios*, after the city, and soon a *biblion* meant "a little book." In 400, the Greeks started using the _____ as we know it today.

3. The Eastern European region of

   Silesia was known for its fine cloth. Eventually, so many low-quality imitations wound up on the market that Silesian turned into _____.

4. Genoa was the first city to make the denim cloth used for making _____.

5. It was in Sweden that the first leather was buffed to a fine softness. The fashionable French bought gloves of this leather and called them *gants de* _____. The word now refers to the buffing process—not to any particular kind of leather.

6. This large European fowl is named after the country of its

```
T H E B W O R D S
P W A I C I S N A
M E O B H D J A F
T E R L E E S Y P
A S L E A Z Y E B
E L U N P G G K I
U M S E A R N R E
S O R T D T O U W
N C O F F E E T B
```

origin. American colonists mistakenly thought a big bird they found in the New World was the same animal and that's why we call it a _____.

7. The Old English word *ceap* (pronounced "keep") meant "to sell or barter." Because an area in London known as "_____side" was a major mar-

ket where people went to barter for low prices, the word gradually took on a new pronunciation...and meaning.

8. First discovered in the town of Kaffia, these beans had traveled around the world by the 13th century, becoming qah-wah in Arabia and finally _____ in the New World.

Some months have 30 days, some have 31. How many have 28 days? (All of them.)

CRAZY EIGHTS

It's said that good things come in threes, but we think they come in eights. First, circle all 40 words and phrases in the grid (COLUMBIA is doing double duty as a college and a river, but it appears just once). When you've found them all, the leftover letters will reveal another category and its eight members in chronological order. (Answers on page 246)

Vegetables in V-8 Juice
BEETS
CARROTS
CELERY
LETTUCE
PARSLEY
SPINACH
TOMATOES
WATERCRESS

Kids in *Eight Is Enough*
DAVID
ELIZABETH
JOANIE
MARY
NANCY
NICHOLAS
SUSAN
TOMMY

Defunct Olympic Sports
CROQUET
GOLF
LACROSSE
POLO
POWER-BOATING
RUGBY
TUG-OF-WAR
WATERSKIING

Ivy League Colleges
BROWN
COLUMBIA
CORNELL
DARTMOUTH
HARVARD
PENN
PRINCETON
YALE

Longest Rivers in North America
CHURCHILL
COLORADO
COLUMBIA
MACKENZIE
MISSISSIPPI
MISSOURI
RIO GRANDE
YUKON

There are 24 letters in both the Greek and Korean alphabets.

```
            C O L U M B I A
          P R A E S N I W D E
        N T C E L I Z A B E T H
      P P R I N C E T O N A S U S
    E S O F R H O E M D W C V I T R
  N G S I W O D R A V R A H Y N O Y I
N M S A P L E C U C A R T R S E M W A J
S E I H A B R R G O I U E N T M A R Y O
G T O S R E N J B L G E R F O M T F E A
I R U O S S I M Y O R S S T R O O N M N
A D W S L I I S F R A O K N R M E U O I
R N O N E R S W O A E T I W A I S K T E
L I G L Y I A S C D L L I H C R U H C H
O L O P A R M H I O E N N N R Y Y U C H
  A L G S T E E B P R R G R G I T A S
    F O R N L L T Y P N L E R T N T
      A M A C K E N Z I E Y E I L
        Y O N R A C N D W L P I
          L S D A V I D O S L
            N T E U Q O R C
```

Leonardo da Vinci was famous for mirror writing; he wrote his notes from right to left.

IT'S TIME TO COME CLEAN

We're dishing the dirt in this one in an effort to clean up our act. (Answers on page 247)

ALL
AMMONIA
ARM & HAMMER
BAKING SODA
BATH
BIZ
BLEACH
BOLD
BOUNCE
BRUSH
BUBBLES
CHEER
CLOROX
COLORS
DARKS
DETERGENT
DOWNY
ENZYMES
ERA
FABRIC SOFTENER

FOAMING
GAIN
LAUNDRY
LEMON
MR. CLEAN
OXIDANT
RINSO
SHOWER
SOAP
SPRAY
SURF
SURFACTANT
TIDE
TREND
VINEGAR
WATER
WHITES
WISK
WONDERFUL
XTRA

In the English language, only about 1,000 words make up 90 percent of all writing.

```
M W B P I J Z I Q G Y Q I Q H L K I G U L
Z X C S H K C P Q Y Q S K R A D O T B R I
F G B I H J W A T E R A G E N I V O W V Y
F S R O L O C U T M Y R D N U A L L W S G
C J U O R K W O X T N O M E L D U I X K O
L K Y V X E H E T O T A I T R S F H A K C
Q V J C S I M I R A R H G F H E R D T T Y
P L Q X G E D M A E J O G O K O E K X A F
I E D I F E C A A Z A I L S N W D H I P B
T S W Q P F F N N H E K U C H J N N C Q N
P O B L M L W D U T & R O I V L O J Q I R
Q N R R G N I M A O F M T R B M W V V M Q
O Z I B R U S H R A B E R B M D E I E W O
X L D W E U K E C I S P U A E F G G U F A
F Q N O R R O T M P R B H F P Q V E Q N J
A D E F W I A P R Y B A K I N G S O D A D
T E R I Y N I A G L Z L D L I V B H J E U
Z B T W T S Y O E Q T N E G R E T E D L D
Q C J L K O X S F I K J E A S N Q H L C L
J O A X S R E S G P V V B B C P N A O R B
L L Q I P Z W X Z H A L W S B H N E D M Z
```

Ciphers have been found on the walls of Pompeii and Cirencester.

FOODS NAMED AFTER PEOPLE

*We have Sylvester Graham, the dietary reformer, to
thank for graham crackers. This wine-bottle shape holds 20
more foods named for real people. (Answers on page 246)*

BABY RUTH
BALDWIN APPLE
BARTLETT PEAR
BECHAMEL SAUCE
BEEF WELLINGTON
BIBB LETTUCE
BOYSENBERRY
CAESAR SALAD
CHATEAUBRIAND
COBB SALAD
CRAB LOUIS
DELMONICO STEAK
DOM PERIGNON
EARL GREY TEA
EGGS BENEDICT
GRAHAM CRACKERS
KAISER ROLLS
LOBSTER NEWBERG
OH HENRY!
PEACH MELBA
SALISBURY STEAK

```
            D G G R P B K C
              H D Z E S V
              P H G C L B
                W E U L
                C L T O
                O P T R
                B P E R
                B A L E
                S N B S
                A I B I
                L W I A
              R A D B K B
            G X D L A A W Y
          O R B E A R E C O R
        B P A M L B T T H K H U
      B E C H A M E L S A U C E T
  D M E C A S O E E Y T L Q S C H
  O I A A M J N F T R E A Y R I O
  M E R E C H I W T U A A R V D C
  P P L S R Z C E P B U C R O E L
  E L G A A J O L E S B R E T N F
  R S R R C I S L A I R A B Y E Q
  I T E S K E T I R L I B N R B E
  G J Y A E N E N X A A L E N S Y
  N B T L R P A G E S N O S E G X
  O Y E A S N K T Z U D U Y H G N
  N A A D O Q U O V D O I O H E F
      G R E B W E N R E T S B O L
        B K O T L Q B J W K Q L
```

The letter "A" is derived from the Hebrew character for ox.

COMIC STRIPS

*What would Sunday be without the funnies? Look for
your favorite strip here. (Answers on page 248)*

ALLEY OOP
ANIMAL CRACKERS
ARCHIE
BARNEY GOOGLE
BATMAN
BEETLE BAILEY
BIZARRO
BLONDIE
BLOOM COUNTRY
BRENDA STARR
BROOM HILDA
BUGS BUNNY
CALVIN AND HOBBES
CATHY
DENNIS THE MENACE
DICK TRACY
DILBERT
DONDI
DOONESBURY
FLASH GORDON

GARFIELD
GIL THORP
GORDO
HAGAR THE HORRIBLE
KRAZY KAT
LI'L ABNER
LITTLE ORPHAN ANNIE
MARK TRAIL
MARY WORTH
MUTT AND JEFF
NANCY
PEANUTS
POGO
POPEYE
SPIDERMAN
SUPERMAN
SYLVIA
TARZAN
THE FAR SIDE
ZIGGY

Fractured phrase: To scissor something from its place is to...? (Cut it out!)

```
K X M B L P N P Y R T N U O C M O O L B X
H X N W I O D A G A C G L G G L O R G B E
Y I A Q L P A E G D E T M Z D I K R Z Q I
N Z M D A E L B I R R O H E H T R A G A H
T O T P B Y M C Z P V O N M B T A Z I D C
L H A F N E K Z N D V N K R X L Z I L L R
Y T B E E T L E B A I L E Y X E Y B T I A
R R G O R D O D L S N N C V L O K R H H L
U O C A C V E S T G D C N A Z R A T O M L
B W C U L B D H Y A O O Y W T P T L R O E
S Y L V I A E N S D X O N Z G H J F P O Y
E R Z L E M N T I H A E G D W A Y F O R O
N A C T E U A L N N L Y W Y I N S E G B O
O M U N B R B X K D M N W U E A B J O R P
O F A S R E K C A R C L A M I N A D E Q E
D C G V R I E S P I D E R M A N R N S P A
E U P T O D L E I F R A G M R I R A T Y N
B T A O X N N Y E D I S R A F E H T B F U
K S E B B O H D N A N I V L A C P T X R T
R I D W F L A S H G O R D O N F M U Y D S
O F N S Q B N N B L I A R T K R A M S R G
```

The Sanskrit language can be used to write computer code.

LOOK BOTH WAYS

We began a list of palindromes on page 22. Here are some more, and this time, we've put together a puzzle that will have you going in all directions. First take a look at the grid—which is shaped like a cartoon detonator box of TNT—then circle all 40 entries. When you're done, the leftover letters will reveal three more palindromic phrases. (Answers on page 249)

A TOYOTA
BAR CRAB
BIRD RIB
CIVIC
DAMMIT, I'M MAD
DEIFIED
DON'T NOD
EVIL OLIVE
GNU DUNG
GO DELIVER A DARE,
 VILE DOG
HE DID, EH
I DID, DID I
IF I HAD A HI-FI
KAYAK
LA, OCELOTS STOLE COAL
LEVEL
LION OIL
LONELY TYLENOL
MAPS, DNA, AND SPAM
NAME NO ONE MAN

NOW, SIR, A WAR IS WON
OTTO MADE ED A MOTTO
PARTY BOOBY TRAP
PEEP
PULL UP, PULL UP
RACE CAR
SENILE FELINES
SEXES
STACK CATS
STEP ON NO PETS
SWAP FOR TA PAIR
 OF PAWS
TANGY GNAT
TAP PAT
TIP IT
TOP SPOT
TUNA NUT
WAS IT A RAT I SAW
WE FEW
WOLF FLOW
YO, BANANA BOY

In Icelandic the letter "F" can be pronounced five different ways.

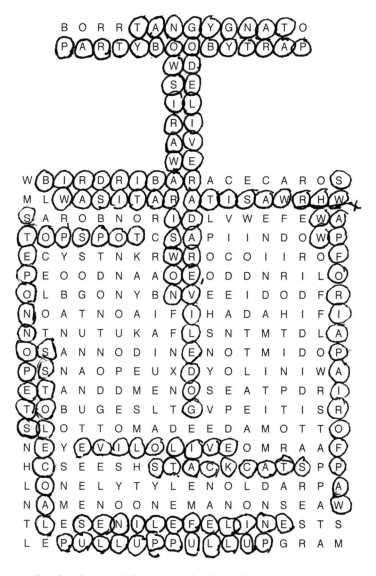

Brazilians have two different names for the number six: *seis* or *meia*.

THINGS THAT SMELL GOOD

*Oops—we left out "Chestnuts roasting
on an open fire." (Answers on page 248)*

AROMATHERAPY SCENTS
BASIL
BERGAMOT
CANDLES
CANDY
CARAMEL CORN
CHOCOLATE
CHOW MEIN
CLOVES
CORNFIELDS
DOUGHNUTS
FLORAL FRAGRANCES
FLOWERS
FRESH-BAKED PIES
FRIED CLAMS
GARLIC
HONEY
ITALIAN FOOD
JASMINE
KABOBS

KETTLE CORN
LAVENDER
LEMON
LICORICE
MEAT AT A STREET FAIR
MINT
MUSTARD
NUTMEG
ONION
PERFUME
PIPE TOBACCO
ROOM FRESHENERS
ROSES
SAVORY
SCALLION
SCENTED CANDLES
SHISH KABOB
TABASCO
WASABI
WINTERGREEN

```
F A V X V U H U P K D H E K Y E P O X B A
S F E A O S D L E I F N R O C N N W O C N
C R M G S B O B A K S C A L L I O N W I R
X E U A P C B A M I N T N I O M E I F Q O
M S F O R Q E L E B C U S N V S B Z R D C
A H R D O O F N A I L A T I E A J S R H E
P B E R G A M O T V B I R M S J N Z O G L
B A P O P K U A A E E G C A E H O W E H T
N K Y I H M G U T Q D N W O M G M S V W T
D E W M X U U A A H O C D X R E E F J I E
O D X F D U L S S I E X A E I I L C F N K
U P U T F O O A T H X R B N R G C C L T C
G I R W C U V R R A I T A H D A Z E O E J
H E R O X O Z O E X R S A P N L Z V W R D
N S H S R Z S Z E D S D H D Y T E X E G N
U C M Y D E R G T F M J Y K G S I S R R Y
T A B A S C O H F G A F F W A L C V S E Y
S P I P E T O B A C C O M E R B M E N E Q
V S M A L C D E I R F Q P W L C O O N N U
S R E N E H S E R F M O O R I L H B Y T F
X F L O R A L F R A G R A N C E S Z P I S
```

The study or collection of trivia is known as *spermology*—"collection of seeds."

HOW DRY I AM

A bit of trivia we learned while making this puzzle: A desert doesn't have to be dry and hot. In fact, the interior of Antarctica is the world's largest desert. (Answers on page 249)

ALOE	LIZARDS
ARID	MESA
BUTTE	MOJAVE
CACTUS	NAMIB
CANYON	OASIS
COYOTE	PRICKLY PEAR
DEATH VALLEY	PUEBLO
DRY	RATTLESNAKE
DUNES	ROCKS
FOSSILS	SAGEBRUSH
GILA MONSTER	SAGUARO
GOBI	SAND
HEAT	SONORAN
JACKRABBIT	TUAREG
KALAHARI	XERIC
KANGAROO RAT	YUCCA

Cryptoquote: "*Hvl vmkzq czul vzn fqĺ clzppd lyyluhxal blzifq...pzmtvhlc." —*Kzcr *Hbzxq

```
                V F C M
              A N O N R Y
              C J S O A Q        L D
              O V S Y E Y      B S Y C
              R H I N P E      I K T N
              A A L A Y K      M C Q G
              U I S C L A      O O E B
              G R I I K N      J R T U
      J       A A S R C S      A U O G
  D A N       S H A E I E V U V Y Y A
  U C A M     D A O X R L T E E O O
  N K R Y     R L A Z P T T L H T C
  E R O R     A A S U B T L S R T
  S A N D     Z K E I U A U T
  I B O G     I B M B V R
  R B S P V   L A H H B Q
  G I L A M O N S T E R C
    T A R O O R A G N A K
      Y I J D E A G C C T
        D M D S I T Q C P
              I U R Y U N
              S T F D Y E
              O U Q O R F
```

PRESTO!

Can you make these ingredients of a prestidigitator's
act magically appear? (Answers on page 250)

ABRACADABRA
ASSISTANT
BALL
BIRD
CAPE
CARD TRICK
CHAINS
DAVID COPPERFIELD
DISAPPEAR
DOUG HENNING
DOVES
ESCAPE
FAKE
FLOWERS
GUILLOTINE
HOUDINI
ILLUSION
INDIAN ROPE TRICK
LEGERDEMAIN
LEVITATION

LOCKS
MAGIC
MENTALIST
MIRRORS
MONEY
MYSTIFY
PENN AND TELLER
PRETTY GIRL
RABBIT
RINGS
ROPES
SCARF
SLEIGHT OF HAND
STAGE
STOOGE
SWORD
TWIST
WAND
WATER TANK
WIZARDRY

"Devil's advocate" originally referred to a canonical lawyer for the Catholic Church...

```
V I U D I X L M Y Z F L O W E R S N Y T P
D G N L E E J S K B Y E K G Q U W W B T N
M Q P E T G E N C R R V N U Z W O S B V W
L Z J I E P A C A C V I I I M S R R B A Y
T P P F O T S T Z E N T L L I B D A K O V
K F R R R Y T Z S N P A L L R N K E E W S
L Z E E I A O Z E L T T U O R L M P M M M
R D T P F N O H K I V I S T O V A P Y V Z
X A T P I U G D A Y T O I I R C U A S H O
W B Y O M U E S F M P N O N S O B S T O R
M R G C O Q T S I L A T N E M A C I I U N
P A I D N A H F O T H G I E L S B D F D D
S C R I E D Q G F D D H I L K B I D Y I O
X A L V Y K C I R T D R A C A W G C Q N R
Q D W A R K C I R T E P O R N A I D N I J
T A S D D S B H R E L L E T D N A N N E P
B B L C R D U N A U N I A M E D R E G E L
S R J E A A N Q I I Q T U B A U O G I P F
E A G J Z R M L Q Q N I V E L E R V M X O
Y W J D I A F W U V P S V A E S Q K E C Y
X Y C U W D I X T S I W T N A T S I S S A
```

...whose job was to oppose the appointing of a saint.

SHIPSHAPE

*Ahoy, matey! We've included a handful of seagoing
vessels from movies, TV, and literature in this ship-shaped
list. Happy sailing! (Answers on page 249)*

AFRICAN QUEEN
ARGO
ARIZONA
BOUNTY
CAINE
CALYPSO
KON-TIKI
LUSITANIA
MINNOW
MISSOURI
NAUTILUS
NINA
ORCA
PINTA
POSEIDON
SANTA MARIA
SEA WITCH
SEA WOLF
THE BEAGLE
TITANIC

Riddler: I am a word that means both polite and particular...

```
                    V
                    C  S
                    D  I  C
                    D  G  N  H
                    O  U  Y  A  J
                    G  V  E  T  T  N
                    R  W  O  N  N  I  M
                    A  G  Q  J  M  U  T  N
                    N  O  D  I  E  S  O  P  Q
                    O  S  P  Y  L  A  C  B  V
                    Z
K  O  N  T  I  K  I  H  C  T  I  W  A  E  S  E  A  W  O  L  F
   I  R  U  O  S  S  I  M  C  R  E  L  G  A  E  B  E  H  T
      F  C  M  A  F  R  I  C  A  N  Q  U  E  E  N  A  R
         S  A  N  T  A  M  A  R  I  A  T  N  I  P  O
            A  I  N  A  T  I  S  U  L  J  A  C  M
               N  A  U  T  I  L  U  S  C  X  W
```

...My last three letters are very cool! What am I? (Nice)

SODA FOUNTAIN FAVORITES

Nothing beats the bygone charm of going to the corner drugstore for one of these old-fashioned favorites. (Answers on page 250)

BANANA SPLIT
CARBONATOR
CHERRIES
CHERRY VANILLA
CHOCOLATE
CLUB SODA
COCA-COLA GLASS
COFFEE
CREAMSICLE
CUPS
DR. PEPPER
ESKIMO PIE
FLAVORED ICE
FOUNTAIN HEAD
FUZZY NAVEL
GINGER ALE
GLASSES
HOT CHOCOLATE
ICE
LEMONS

LEMON LIME
MILK SHAKE
PEACH
PEPSI
ROOT BEER FLOAT
SELTZER
SLUSHIE
SMOOTHIE
SNOW CONE
SODA JERK HAT
SODA SPOONS
SPRITE
STOOLS
STRAW
STRAWBERRY
SUNDAE
SYRUP
TEA
VANILLA
WHIPPED CREAM

Caterpillar means "hairy cat" in Old French.

```
R N K Z X E O M G D V T I J F F U V R E F
B U S C C I I O I D E T A L O C O H C B X
P W I U M A G A L L I N A V Y R R E H C V
D E S K I M O P I E K V E C L U B S O D A
T P T J X P Z G U E O S I A C O M S G F S
C C D R P E P P E R L Y H U D O W A R T S
B R A O S N O M E L Y C P A O N U T R S N
G D E T L R T D T P W S I T K O U A E S O
N Z H A H D I H A B S Q H S R E W S S M W
L W N N B C L V O Q M I O U M B S A I H C
Z H I O E K P P L T E W G Z E A L S I F O
T F A B E B S C F E C I V R L G E P B N N
I U T R M S A H R U N H R G A V P R Y V E
Y Z N A I U N E E G X Y O L L E S I C E I
K Z U C L F A R E Q W Q O C D T I T E L H
J Y O K N H N R B J S C O C O M T E R P S
D N F O O T A I T V A S R O O L F G R O U
J A Q L M L B E O C U E L Y E F A N B S L
M V Q A E W F S O D A S P O O N S T C B S
R E Z T L E S C R M I E H C A E P I E D H
R L S O D A J E R K H A T A E C L G H O M
```

In a transposition cipher message, the letters are rearranged, as in an anagram.

GET A JOB

The U.S. Department of Labor publishes the Dictionary of Occupation Titles which lists some 25,000 real job titles both ordinary and peculiar, including the 21 occupations hidden in the grid. (It's shaped like a rabbit because Easter Bunny is a job title.) After you've circled all the jobs in the grid, the leftover letters will reveal five more job titles you may or may not want to add to your résumé. (Answers on page 252)

BEAN DUMPER
BED RUBBER
BLIND HOOKER
BOLOGNA LACER
BOSOM PRESSER
BOTTOM BUFFER
BRAIN PICKER
DEAD HEADER
DOBBYLOOM CHAINPEGGER
EASTER BUNNY
EGG SMELLER
FUR BEATER
HEAD CHISELER
KIER DRYER
LAP CHECKER
MILK-OF-LIME SLAKER
MUCK BOSS
MUTTON PUNCHER
PICKLE PUMPER
RETORT FORKER
TOE PULLER

```
      M M                           D R
    O U I G                     F O E O
    D C L D                     R O P U
    G K K B                     E R M H
    B B O O                     L E U M
    I O F T X               B E G D E
    R S L T E               L S G N L
      S I O G               I I E A
      S M M G             N H P E
      O E B S N I L E D L D C N B
        S U M I A N E N D H D I
        L F E I S L T R E O A A
      I A F L B U T A C O O E H Y
    R S K E L U B A K C S K H C N R
    S E E R E M B E R L E E Y M N E
A S S R E R M R B E L E R R O U B F
R E T O R T F O R K E R T I O B B S
H F L I P P E R A C N O D P L R U A
N T Y H O S E C K I E R D R Y E R R
P I C K L E P U M P E R O T B T D C
H M U T T O N P U N C H E R B S E C
L O S I N G M L A I C H I N O A B E
  O P E R A L D E A D H E A D E R
    T O R E S S E R P M O S O B
      R E T A E B R U F R
```

The odds of getting a perfect 29-point hand in two-player Cribbage are 1 in 216,580.

AMERICANA

Americana encompasses all of American popular culture...from Alias to zydeco. We'd need a barn-sized grid to cover it all, but here are 38 truly American creations. (Answers on page 251)

APPLE PIE
BALD EAGLE
BARBED WIRE
BASEBALL
BENJAMIN FRANKLIN
BILLY THE KID
BISON
BUFFALO BILL
CORN
COWBOYS
DANIEL BOONE
DAVY CROCKETT
DINER
EDGAR ALLAN POE
ETHAN ALLEN
GATEWAY ARCH
GOLD RUSH
GRANDMA MOSES
GRANT WOOD

HAMBURGER
INDIANS
JAZZ
JOHN PAUL JONES
NASCAR
NORMAN ROCKWELL
PAUL REVERE
PUEBLO
ROCK 'N' ROLL
STARS AND STRIPES
STATUE OF LIBERTY
STEPHEN FOSTER
SUPERMAN
THE BLUES
THE WHITE HOUSE
TIN PAN ALLEY
WASHINGTON MONUMENT
WILD WEST
YANKEE DOODLE

People who study laughter are called gelotologists.

```
U L Q A P P O N O R M A N R O C K W E L L
F Y A N K E E D O O D L E Y G G J A Z Z L
I Z E N I U T H E W H I T E H O U S E D O
F L W A F L E G O Z B F S P H U T H B A R
I T T M N I K O R A C S A N C A E I U N N
Q H A R J I L N R L Y U P N T Z L N F I K
H E A E J B A B A O L A Q U J L G G F E C
C B J P E O E Y B R U A E J Y E A T A L O
S L V U P D Y W E L F O B T V T E O L B R
E U P S W L O V J L F N H E E R D N O O D
S E H I D C E O W L L E I W S V L M B O M
O S R Q O R N P I G K A A M U A A O I N Q
M E N R E E Z B I I H Y N X A G B N L E U
A S N A S C E N D E A S A A V J P U L L B
M H A H I R H S U R D L O G P T N M P L Y
D E D V T D J M C E O B I S O N F E I A P
N W L Y I C N H A M B U R G E R I N B N S
A E A N S E P I R T S D N A S R A T S A V
R H E D G A R A L L A N P O E R U H X H Z
G R A N T W O O D A V Y C R O C K E T T F
T C W I L D W E S T E P H E N F O S T E R
```

Roman emperor Commodus wanted to change the name of Rome to Colonia Commodiana.

STEP ON IT!

"Before you criticize someone," said comedian Jack Handey,
"you should walk a mile in their shoes. That way when you
criticize them, you're a mile away and you have their shoes."
Any of these shoes will do. (Answers on page 251)

ADIDAS	KINNEY
ADIO	LA GEAR
AEROSOLE	MEPHISTO
AIRWALK	MOON BOOT
AVIA	NATURALIZER
BORN	NEW BALANCE
BOSTONIAN	NIKE
CATERPILLARS	PONY
CONVERSE	PUMA
DR. MARTENS	REEBOK
DR. SCHOLL	ROCKET DOG
EAGLE MOUNTAIN	ROCKPORT
ECCO	RSVP
FLORSHEIM	SKECHERS
FOOT LOCKER	STRIDE RITE
GLUV	THOM MCAN
HUSH PUPPIES	TIMBERLAND
INSOLIA	UGG
K-SWISS	VANS
KEDS	WOLVERINE

Only one in a billion people has an IQ of 196 or higher.

```
H D K R W K G V T I M B E R L A N D D V X
N J M H S R A L L I P R E T A C X U O R V
F A I Y Y Z Z H B L E I V N G P M B T O Y
K H E T H O M M C A N E S R E V N O C C H
E E H U S H P U P P I E S Z A U O O Y K A
K W S F N M I R U F L A W Y R B I D X E O
V U R L K N G D K O S G Y B N D N X T T J
S O O S Y L L Y S N D L N O A N S I L D F
U T L U W G E O A V E E O B F L R T L O Q
S S F A Y N R I L N K M P K U E A C O G I
W I E Q N E N K F L E O Q B D T Y N H E X
O H E I A O R S A O V U D I Z Y P Q C C Z
L P K J T H B W S I O N R L S R A T S E A
V E U S U O R I N U P T O E G P W E R Y L
E M O M R I Z S E X S A L C S A D I D A M
R B S N A D O S T R D I R O C K P O R T V
I L I W L L M X R H S N N G C E G H E B M
N K M X I F U U A P N B L E V K Q X E F T
E O C A Z I P V M I A U C D X V E E B C H
I U S K E C H E R S V P G K A T S R O S V
Y E M U R F S D D A W A Z G P Q M Q K P G
```

Over 500,000,000,000 protons could fit in the period at the end of this sentence.

A GEM OF A PUZZLE

Gems don't come easily. You'll have to dig for them among the rocks and minerals in this diamond-shaped puzzle. (Answers on page 252)

AMETHYST	LEAD
AUGITE	LIMESTONE
BASALT	MERCURY
BORAX	MICA
CALCITE	NICKEL
CHERT	PERIDOT
CHROMIUM	PLATINUM
CONGLOMERATE	PUMICE
COPPER	PYRITE
EMERALD	RUBY
FELDSPAR	SANDSTONE
FLUORITE	SCHIST
GALENA	SILVER
GARNET	SLATE
GNEISS	SULFUR
GOLD	TALC
GYPSUM	TIN
HALITE	TOPAZ
IRON	ZINC
JADE	

The Piraha tribe of Brazil has no words for counting, colors, or keeping time.

```
            C
          K E H
        F K A N E
      R X L T P O R
    E X I S U L S T T
  V A T I M C O E U S A
L R E H I E M E R A L D C
I O S C C E R D R B I D F N G
S B H S E L T C Y A L M T G U A F
Q L A N I N A A U M P J U S E E R S G
I U A S O E O T R R U S N I Y Y T N G T A
W T A R N T S E Y N D I M H W I E K N
E L I G S T M P I L C O T D G T E
T C R E O O E T E K R E L U L
I N M P L R A F E H M O A
C I A G I L P L C A G
L Z N D P R U B Y
A O O O B J P
C T L F S
I X U
M
```

The pegs on a cribbage board are called *spilikins*.

TAKE A LOAD OFF!

Please have a seat. (Answers on page 252)

ADIRONDACK
ARMCHAIR
BARBERS
BARCELONA
BARREL
BEACH
BEANBAG
BENCH
BENTWOOD
CANE
CAPTAINS
CHAIR
CHAISE LOUNGE
CHIPPENDALE
COUCH
CUSHION
DAVENPORT
DECK
DENTISTS
DIRECTORS

DIVAN
EAMES
ERGONOMIC
FOLDING
FURNITURE
GLASTONBURY
HIGH
LAWN
LOVESEAT
MORRIS
MUSICAL CHAIRS
RECLINER
ROCKER
SETTEE
SOFA
STOOL
SWIVEL
THRONE
WICKER
WINDSOR

In the U.S., the 10 most common surnames make up about 5% of the population.

```
K U M M D G L A S T O N B U R Y P X U M U
R I W T P I E K C W A L N L G P O U F Z E
O L T Y U B V C C E N U G Z Q P F Z E G K
S E T T E E I A A L S I C A W S R V N R B
D R O W S N W D N A Y A K T B D P U X C L
N R E C I C S N E D P X R C B N O R B O A
I A H B R H F O R N R H E R D L A N V R N
W B N T R S G R I E V U K T E A M E S X Y
N K C Z O A Z I A P I C C S C X S P B N H
L W O F M T B D H P P T I G K E T S Z S J
R I A H C M R A C I Y A W M A V W K K S L
S F O L D I N G R H H A K T O S L S D M Q
N S R I A H C L A C I S U M O N T O E K W
C D I O Z U P R A O E R R H L S O R T L K
J A L E S M P E O U E L J O I W U G Z W T
H V P H E C B K I C T R O T T T R E R G L
L O I T W F P Q L H K T N N I C A A Q E P
H O A F A I H I R A S E E N A U E Z A A O
N N S Q Y I N O P N D B R Y F C P R L R N
G N D C M E N G H U O U Z U V R Q E I I M
M E K R R E R S S X F T R O P N E V A D D
```

In China, the 10 most common surnames make up about 40% of the population.

GREAT GOLFERS

Not your average duffers, these folks are mostly Hall-of-Famers. (Answers on page 253)

ANNIKA SORENSTAM
ARNOLD PALMER
BABE ZAHARIAS
BEN CRENSHAW
BEN HOGAN
BING CROSBY
BOB HOPE
BOBBY JONES
BYRON NELSON
CARY MIDDLECOFF
CHI CHI RODRIGUEZ
CURTIS STRANGE
DINAH SHORE
GARY PLAYER
GENE SARAZEN
GREG NORMAN
HALE IRWIN

HUBERT GREEN
JACK NICKLAUS
JUDY BELL
JULI INKSTER
JULIUS BOROS
LEE TREVINO
NANCY LOPEZ
NICK FALDO
PATTY BERG
SE RI PAK
TIGER WOODS
TOM KITE
TOM WATSON
TOMMY ARMOUR
TOMMY BOLT
VIJAY SINGH
WALTER HAGEN

```
J  K  P  D  L  E  E  T  R  E  V  I  N  O  S  T  A  W  M  O  T
W  A  H  Q  W  G  P  D  O  H  U  B  E  R  T  G  R  E  E  N  I
H  P  E  V  L  Y  L  O  C  M  E  N  U  K  J  C  N  T  T  E  G
N  I  W  R  I  E  L  A  H  B  M  N  I  B  Y  F  O  I  T  M  E
Z  R  N  E  E  B  J  B  I  B  S  Y  S  C  F  L  L  K  C  A  R
K  E  E  K  G  Y  G  N  C  M  O  N  B  O  K  K  D  M  J  T  W
O  S  Z  Y  N  A  G  O  H  N  E  B  C  O  L  F  P  O  I  S  O
T  N  A  K  A  C  C  G  I  C  E  E  E  E  L  H  A  T  F  N  O
P  B  R  O  R  L  L  A  R  M  L  N  C  R  E  T  L  L  D  E  D
A  O  A  O  T  V  P  E  O  D  S  C  M  N  B  T  M  R  D  R  S
T  B  S  O  S  I  X  Y  D  O  U  R  N  E  Y  O  E  V  I  O  U
T  B  E  X  S  J  T  I  R  N  Z  E  A  G  D  M  R  T  N  S  A
Y  Y  N  T  I  A  M  O  I  A  D  N  M  A  U  M  U  I  A  A  L
B  J  E  R  T  Y  B  Y  G  N  G  S  R  H  J  Y  A  O  H  K  K
E  O  G  N  R  S  N  U  U  C  M  H  O  R  C  A  R  S  S  I  C
R  N  O  A  U  I  X  R  E  Y  O  A  N  E  G  R  O  R  H  N  I
G  E  C  I  C  N  M  K  Z  L  I  W  G  T  K  M  G  Y  O  N  N
T  S  L  Q  R  G  B  Y  R  O  N  N  E  L  S  O  N  B  R  A  K
Y  U  G  G  C  H  R  Q  Y  P  A  D  R  A  S  U  W  V  E  K  C
J  U  L  I  I  N  K  S  T  E  R  V  G  W  T  R  C  U  M  E  A
F  L  P  A  H  B  A  B  E  Z  A  H  A  R  I  A  S  E  L  V  J
```

Chances of forming the word "inconsequentially" on a Boggle board: 1 in 170 quintillion.

WANNA BET?

There are a lot of poker variants in the world—way too many
to fit on a single playing card (unless you write really, really small).
But we managed to fit 41 of them in this card-shaped grid. When
you're done, the leftover letters will reveal a bit of wisdom
about gambling in general. (Answers on page 253)

ABYSSINIA
ANACONDA
AUCTION
BINGO
BUDDHA'S FOLLY
CHANGE THE DIAPER
CINCINNATI
DIRTY SCHULTZ
DR. PEPPER
ELEVATOR
ENGLISH STUD
FIVE CARD STUD
  WITH A BUG
GROCERY STORE DOTS
GUTS
HAVE A HEART
HEINZ
HENWAY
HURRICANE
JACK THE SHIFTER
LAMEBRAIN PETE
LIMBO

LINOLEUM
MEXICAN SWEAT
MIDNIGHT BASEBALL
NAPALM
NAVY NURSE
OMAHA
PAI GOW POKER
PASS THE TRASH
PSYCHO
SECOND HAND HIGH
SPLIT POT
TEXAS HOLD 'EM
THE GOOD, THE BAD,
  AND THE UGLY
THE PRICE IS RIGHT
THERE CAN ONLY BE JUAN
THREE FORTY FIVE
THREE-LEGGED RACE
TIC-TAC-TOE
TRASH BIN
WOOLWORTH

In air traffic lingo, "SOB" stands for "Souls on Board"—the number of people on an aircraft.

```
S O M E E T E P N I A R B E M A L O T N E
A     L S R K E D M Z E O G N I B A W H
Y   W   E O P A S S T H E T R A S H E M E
N       V D O N E L T G E A M C B D W L E
A   S   A M A U U H E N W A Y O C R S H A
Y   G   T S M H E N A I G A B N V P N T E
L T R H O E C C A C O E M M U D O E A E N
G S O E R S N M I M S I V W D A C P C X A
U L C R Y E P R U L O Y O A D T H P I A A
E T E T W E R D O E N O T H H A V E X S E
H A R N A U J E B Y L N O N A C E R E H T
T I Y S H M U C H W   O M O S N C E M O L
D P S Y C H O Y O       N T F H A A J L T
N A T W I A S R           I O A R T A D R
A I O U T E T               L B D B C E U
D G R T A H I               L N E C K M H
A O E O N M P L       N       E Y S G U T S G
B W D V N A P A L M     A T E A A G N H S I
E P O W I E A O R         V B I N E F E A H
H O T C C F B T W O T M T Y E N L S S T D
T K S O N M Y T A O L H I N N S E T H N N
D E I N I C S T P T G E F O R U E G I A A
O R M L C B S T R I L I I N G I R B F S H
O S A U C T I O N O E N G L I S H S T U D
G A T I S L N D F I F Z E D B S T   E   N
E Y R E P A I D E H T E G N A H C   R   O
H M A S R M A R I A G E E R G L O       C
T I C T A C T O E R I A T R S T E   I   E
N T H G I R S I E C I R P E H T E       S
M F I V E C A R D S T U D W I T H A B U G
```

In the Portuguese version of Scrabble, the letter "Q" is worth only 6 points.

GEORGE WASHINGTON

*Did you know that in 1755, while working as an aide to
General Edward Braddock, Washington was shot at six separate
times but wasn't injured? The bullets ripped his coat and shot two horses
out from under him. Now, see if you can find the 25 Washington-
related terms in the grid. (Answers on page 254)*

CHERRY TREE STORY
CONTINENTAL ARMY
CROSSING THE DELAWARE
FAREWELL ADDRESS
FARMER
FATHER OF HIS COUNTRY
FIRST PRESIDENT
FOUNDING FATHER
FRAUNCES TAVERN
FREEMASON
JOHN ADAMS
MARTHA
MOUNT RUSHMORE

MOUNT VERNON
NATIONAL BANK
PLANTER
REVOLUTIONARY WAR
SARATOGA
SOLDIER
SURVEYOR
TAX SYSTEM
VIRGINIAN
WASHINGTON MONUMENT
WHISKEY REBELLION
YORKTOWN

There are 31 letters in the Cyrillic alphabet.

```
M T K M Q S Q C S F R U H I N G A F I R Z
U F F R A U N C E S T A V E R N Q G K Y S
B G C N E T S K N A B L A N O I T A N A T
O E W J A V I B D B T V W N E A Y F E R D
C W A A Y I O D A U U W R M J M A C E G U
F N H Z S H N L B T T E S O F T O M S C G
I A T I Z H T I U Z V X C H H O R T U H R
R C R O S S I N G T H E D E L A W A R E E
S T A E Y K J N N R I B R K F X G X V R H
T T M R W N E U G S I O V F W O W S E R T
P M F O B E O Y O T F V N F T A H Y Y Y A
R U X M Z M L L R H O A N A A M E S O T F
E N D H B W D L I E N N R O R E B T R R G
S O B S T I C S A N B A M Q S Y I E G E N
I K O U E P C H W D S E P O I A W M Y E I
D K W R J O I O A H D U L B N D M A L S D
E F X T U P T J D H G R C L T U N E R T N
N K W N S K O P L A N T E R I I M V E O U
T Y T U R Z A C E U F W A S Y O D E Y R O
C R J O H N A D A M S S J Y S X N B N Y F
Y O Y M R A L A T N E N I T N O C Y R T M
```

According to Hasbro, 50 million Yahtzee games are sold each year.

THE WHEEL THING

Like Sid Caesar said, "The guy who invented the first wheel was an idiot, the guy who invented the other three, he was a genius." Find the 58 wheeled things in the grid. When you're done, the leftover letters will reveal a comment made by Wheel of Fortune *letter-turner Vanna White. (Answers on page 255)*

AIRBUS	HANDCART	SHOPPING CART
AMBULETTE	HANSOM	SHAY
AUTOMOBILE	HEARSE	SKATES
BICYCLE	LIMOUSINE	SPORTS CAR
BIG RIG	MINIVAN	STAGECOACH
BOXCAR	MOPED	STREETCAR
BUCKBOARD	MOTORCYCLE	STROLLER
BUGGY	OXCART	SULKY
BUMPER CAR	PADDY WAGON	TAXI
CABLE CAR	PEDICAB	TRACTOR
CAMPER	PULLEY	TRAILER
CARRIAGE	PUSHCART	TRAIN
CHARIOT	RACER	TRAM
COUPE	RICKSHAW	TRAP
DOLLY	ROADSTER	TROLLEY
DRAY	ROLLER COASTER	TRUCK
FLOAT	SCHOOL BUS	TUMBREL
GO-CART	SCOOTER	WHEELBARROW
GOLF CART	SEDAN	
HACK	SEMI	

```
                        N A V I N I M
                  I T R A C S T R O P S
              S R O T C A R T N P Y U G
          O R I C K S H A W T T E H L I B E
      M C O S Y T K C U R T L D I K R U N T
      O S T E L L F L H E L C T U Y G M W A
  L U P H R O L L E R C O A S T E R I P H J O A
  P R A O A B O I L D R A O B K C U B E E N R M
E U E D P C G D T I T R E L L O R T S R E L E B A
S L P D P X G H L B         B I C Y C L E T U I
R L M Y I O O E I O         W U O S A B R S L R
A E A W N C C M M M         R L S K R A B D E B
E Y C A G D A S O O         H T E A C R M A T U
H A C G C O R B U T         A N F T E R U O T S
S R S O A A T E S U O B U G G Y D E E I O T R E N
  D M N R P B 1 I A 9 R 8 E 6 B E U S T W A D I
  D K O T O U L N H A V C H A R I O T N I A R T
      C S E T S E M I O O Y T K N O W L N A
      T A N H E H C A L Y S C O O T E R C E
          H A N D C A R T A O L F R A X
          T H H P A R T T T H E E C O
            E G A I R R A C S E B
              I X A T R S R
```

...with the game being a parody of life in the People's Republic of China.

PARTNERS

Every word in the list has a matching partner word. Example: ham and eggs. How many can you match up? (Answers on page 254)

ABBOTT	CHAPTER
ABEL	CHEESE
ABERCROMBIE	CLEOPATRA
ABNER	COSTELLO
ADAM	DAVID
AFTER	DUN
ALIVE	EVE
ANTONY	FITCH
ARM	FLOTSAM
BAILEY	GOLIATH
BARNES	HALL
BARNUM	HAMMER
BAUSCH	JETSAM
BED	KICKING
BEES	LOMB
BEFORE	LUM
BIRDS	MACARONI
BOARD	NIP
BRADSTREET	NOBLE
BREAD	OATES
BUTTER	TUCK
CAIN	VERSE

Telegraph users had Morse code "slang," much like Internet users today.

```
I L U W L V J I B M P A B F E M Y B F O Y
H T Y S H J J Q X A A F A S A N P R C N E
U Z V Y B U T T E R R A I Y W Y U Q L E Q
Y F Y E L O C E P F M N L B W H J E G N Q
G L X I X G A R T A P O E L C G B Y G D L
A O Y J X U W R C B F E Y S O A T E S B A
A I Y N O T N A D D S N U L S B E K P L P
Q Z A C O U R Q A E C A I L T E N H Y U D
D I V A D O Q L O M B A L P E F X O H Y I
E L B O N F I T A E T A R F L O T S A M I
N B M I V V R R R H H D R G L R F J M Y Y
C H Z V E V E C B R E A D N O E O N M J W
Z O E Z A N R I O L U M I I U M T Q E Q D
A L J E B O R H M H R A W K K M M Q R S L
P G I A M D N K F A C E T C H A P T E R X
F C Z B S Z T B F Z S T U I H X O X M N C
K Y I H Z E E T B R O T I K Y E P L W R T
J E W W Q U E G E B Q B E F V X E A P A I
B X L R Q R E V B J L M D J B I R S K E P
E E B I I B R A D S T R E E T V R E E L F
N W T W A U H J V K W T W P U K X S D F W
```

What's an *orrery?* The scientific name for a model of the solar system.

ORDERING IN

You know this is gonna make you hungry! (Answers on page 256)

BBQ RIBS
BLACK BEANS
BUFFALO WINGS
CANTONESE
CASHEW NUTS
CHINESE
CHOP SUEY
CHOPSTICKS
CHOW MEIN
DEEP DISH
DIM SUM
EGG DROP
EGG ROLLS
EXTRA CHEESE
FOO YUNG
FRIED CALAMARI
FRIED RICE
GARDEN SALAD
HOI SIN SAUCE
HOT AND SOUR

KUNG PAO
LOBSTER SAUCE
MANDARIN
MUSHROOMS
MU SHU PORK
NOODLES
OLIVES
ONIONS
PEANUT SAUCE
PEKING DUCK
PEPPERONI
PIZZA
POTSTICKERS
PRAWNS
ROAST PORK
SATAY
SAUSAGE
SCALLOPS
SPRING ROLLS
WONTON

Cryptoquip: *Hsen owsj sud, zq't erkvzkwztj; hsen owsj qas, zq't wdtdkwhp.

```
N O O D L E S L L O R G N I R P S H T K Y
O B F O O Y U N G A R D E N S A L A D V E
S P O L L A C S R E K C I T S T O P T O S
A N K G F R I E D C A L A M A R I B F A M
S A U S A G E C U A S R E T S B O L D P Y
T G O C F S G N I W O L A F F U B A E G E
U D V V J U N S K R O P U H S U M C E N U
N C X Y A F J J O T R W L L G U A K P U S
W B A Z Z I P A S E V I L O S G N B D K P
E W J N F I S C D S P O Y H M V D E I P O
H G B W T T S H J E R C R Y Q Q A A S Y H
S Q B B P O J I A G H O I Q E T R N H W C
A Z Q O R R N N G O O N X P W L I S O S Q
C E R M U Q U E P M O I V R E E N X T D F
Q K I N J T G S S R T O Z A M J A M A R C
H H B T S G T E E E D N G W O N T O N D U
Z J S A D I L P L X G S O N A O L F D A E
B D U R C K P P Q O D H F S V D R P S Q I
I C O K C E X T R A C H E E S E E P O P E
E P S Y P G V Y J R L P E K I N G D U C K
R H O I S I N S A U C E C I R D E I R F N
```

PICTURE PERFECT

*We've painted the names of famous artists onto
this palette-shaped puzzle. (Answers on page 255)*

BOTTICELLI
DA VINCI
DAUMIER
DE KOONING
DEGAS
DUCHAMP
DUFY
GIOTTO
GOYA
HALS
HOGARTH
INDIANA
KLEE
LIPPI
MANET
MATISSE
MICHELANGELO
MONET
MOSES

PICASSO
POLLOCK
RAPHAEL
RAY
REMBRANDT
RENOIR
REYNOLDS
RODIN
ROTHKO
ROUSSEAU
RUBENS
SEURAT
TITIAN
UTRILLO
VAN GOGH
WARHOL
WOOD
WYETH

Riddler: I am a comparison between two things...

```
            B N T D U A G R
          J T H O B U J W A R H O L M
        H Q I Q R E M B R A N D T D L O D
        E Z J F P I C A S S O Q U R I D S L
        C B O T T I C E L L I A U T A N X E V
    L O E S S I T A M A N E T H L E G A M S W
    B Z K O Z W Y E T H S S U J B F H O P P R
    J K D H O M Q A N S B T A U Z G X L H M N
    C C N O T Q D A U M I E R G E B E L L I N
    U M D O D O I O L E G N A L E H C I M Q A
    S E U R A T R P O L L O C K L D C R B D Z
    F I N D I A N A A G C M Y Z K N A T R K E
      V T T Y B         A L R R A I P D U F Y C
        H N O           N E J V V H G O G N A V
          R J         D Y H G A A R V I D M I B
            C G J Q N L M D E K O O N I N G B
            D E Z O P H I L Y P P A Z L C X E
            B G D L B M L G I O T T O G A F L
        C Q V Z D U C H A M P U P X D Q V
        W L N S R V G G E U P R S T Y
          J X U R E N O I R W
```

...remove a letter and I won't frown. What am I? (Simile)

WHAT'S MY LINE?

*All the words in the grid can precede or
follow "line." (Answers on page 256)*

AIR	DEAD	PIPE
ASSEMBLY	DIRECT	PLOT
BACKER	DOTTED	POWER
BASE	DRAWING	PUNCH
BEE	DRIVE	SHORE
BORDER	FAULT	SIDE
BOTTOM	FIRING	SKY
BREAD	FRONT	STATE
CHALK	GUIDE	STORY
CHECKOUT	HEAD	STREAM
CHORUS	HEM	TAG
CHOW	HOT	TAN
CLOTHES	ITEM	TIMBER
COACH	LIFE	TREE
COAST	MAIN	TRUNK
CONGA	MAN	UNDER
CONTOUR	NECK	UP
COUNTY	PARTY	WAIST
CRUISE	PHONE	WHITE
DATE	PICKET	YELLOW

The word "tulip" comes from the Turkish word for "turban."

S B F S R Y E P C S Q Y Y B U S W L P T W
P D M I L N O N K B B S R D V F Y F E X Y
U U R W K B V Y C T Q E W R N D G O M Q W
B K I G N I R I F H D O H I K E R U A H H
C M B W W O M A I N H E C V U T Q V I J W
O Q K A T O U T U C B M A E R T S T B D U
U Y I S S L E U R H E Q O K G O E N K Q E
N S D A T E E O A O E P C N C D N O E C F
T S A O C A R K R R Q E I P R E D R O B R
Y E H W G A T C H U N W L P U A W F Q O B
Z L R Y L B M E S S A O A M I M M A O T U
F P H O N E A H K R T O E Y S O H A N T L
B O U D H D N C D C R T T T E F I L W O S
E W V T A S O S K D I R E C T L S E B M J
W E W E I N K N L E A P U N C H L U T N Q
D R R D T M U L A P R U T P O L S O F C K
F B E O E R B I H C G I H Q N M O F W H L
N Y U P T A J E C P I A A V G Z D T O I L
Q R J Y S Q D Z R T H Z A C A Y H L H S I
S W P T E H J F S P S X R R G V Q F L E S
N X A V N U H G M I G N R C I C U X F T S

Jenga is a Swahili word that means "to build."

PLOP, PLOP...

*Find the names of all 55 products in the grid (shaped like
an Alka-Seltzer poised to drop into a glass of water, as in
"Plop, plop, fizz, fizz...")*. *(Answers on page 255)*

AJAX laundry detergent
ALKA-SELTZER
ALLSTATE insurance
ANACIN
AT&T
AVIS
BACTINE ointment
BMW
BOUNTY paper towels
BRANIFF Airlines
BRYLCREEM
BURGER KING
CHIFFON margarine
CHRYSLER CORDOBA
CLUB MED
COCA-COLA
CREST toothpaste
DELTA Airlines
DOUBLEMINT gum
DUPONT
ENERGIZER batteries
FEDEX
FTD
GENERAL ELECTRIC
HALLMARK

HEBREW NATIONAL hot dogs
IRISH SPRING soap
KFC
L'OREAL
LAY'S potato chips
LIFECALL
LUCKY CHARMS
M&MS
MARLBORO cigarettes
MAXWELL HOUSE coffee
MCDONALD'S
MILK
MILLER LITE beer
MORTON salt
MOTEL 6
NIKE
PEPSI
PERDUE chickens
PETER PAUL MOUNDS
PONTIAC
REMINGTON shavers
ROLAIDS
SCHLITZ beer
SECRET deodorant
TAREYTON cigarettes

The scientific name for cold-blooded is *poikilothermic*.

```
                              Y W M M
                          D H E I L A Y S
                        F O E L E N X A J A
                        F U K L B M W O F T
                    E I B N O T Y E R A T H
                    E N L Y W Y A L O T R D
                    A A E M P N S L B L A A
                    T R M R A S C H L I T Z
                    B I A G V E O R D &
                    I N S E I I U A T T
                    T U S I Z S M N
                      N I K E
T                                         R
O S                                     P E
A P E P S I B U R G E R K I N G Z
S A O N I S D E M B U L C X H G T
I S D N U O M L U A P R E T E P L
V D E I T I T I R B E D C N A Y E
I L M C N I E F H O E I E T T T S
R A U G R A A E E F L R G A K N A
G N T C E E U C B T A A N S O U K
I O A N K D T A R L N A I T A O L
N D C H R Y S L E R C O R D O B A
I C R E E O C L W I U O P T S R E
A M P S T E E H N D M M S U A Y R
S C O C A C O L A O N E H T D L O
L E N I T C A B T R R O S K F C L
I M T R S A K E I C M E I A C R H
M I I C L K L E O N A S R F F E E
S C M C L 6 T I N O F F I H C E O
  N E H A L L M A R K A S M & M
    X T E M I L L E R L I T E
```

TIMEX
U.S. ARMY
VIRGINIA SLIMS cigarettes

VISA
YELLOW PAGES

The rough lava of Hawaii is called *aa*.

THIS PUZZLE IS BACK-WORDS!

These are "mirror words"—words that spell a new word when read backward. There are many three-letter examples, but we've used only four-letter words and longer here. (Answers on page 257)

ABUT	MEET	SPAM
BRAG	MOOR	SPIN
DECAL	NAMETAG	SPOOL
DELIVER	PAWS	SPORTS
DENIM	PLUG	SPOTS
DESSERTS	PUPILS	SPRAT
DEVIL	RAPS	STAR
DIVA	RECAPS	STAT
DOOM	REEL	STEW
DRAW	REGAL	STINK
DRAWER	REPAID	STOP
DUAL	RETOOL	STRAP
EMIR	SATE	STRAW
ERGO	SERIF	STUB
FLOW	SLEEP	SUNG
GOLF	SNAPS	TIME
LEPER	SNIPS	TIMER
LEVER	SNOOPS	TROT
LOOP	SNUB	TUBED
MART	SNUG	TUBER

There is a Finnish word that contains a continuous sequence of 14 dots: Pääjääjää.

```
T Q D I A P E R Y I R S J L D P G O E X O
M D Y B T S R R K D E A S P R A T N O G T
D E P P U P I L S Q T F G O A R V Z U H I
Z L R L P A J E Q N U L W X W T R R W S M
U I A E U M P V A S N A P S E S I Z X M E
L V Q R W G T E M S R J W D O O M M O O R
G E S M A A P R W T D E N I M N T E E M K
J R P P A P R E S I S Y D P L E R U I Y W
S Q D E E T S D S N I P S Y A O A F E D O
N K I Z R E Z O Z K G W O R P V M R L G L
N Q V Y B S L D D T A E S R I V G B L O F
A V I D A W S S M E R T W V T O L O O P G
R O S C Q N N C P G B S A S V S O T O T C
E G R N S T O P Y A I U P T Y Q E D P N G
G S I L U F O W R T R O T R N R B O S I S
A T I B I B P P L E R N D E L Q E G A P W
L A E R A U S A V M D I N S T A T C O S P
J R E U R I U E T A S X M S X A C T A G A
B S Y R E D U R M N L I V E D B S E Y P K
P G V U E O S T U B X E K D H U A V D E S
T Z X S L O V G U N X O J D N T I M E Y Z
```

Ho-Ho-Kus, New Jersey, is the only town in the U.S. with two dashes in its name.

WEATHER SYSTEM

*This puzzle is all over the weather map. In the grid, we've
hidden 48 words and phrases commonly heard in weather forecasts.
(The grid's shape is the meteorological symbol for a hurricane.) It's up to
you to enter the eye of the storm and find them all. After you've weathered
that, the leftover letters will spell out a quote that begins, "The trouble
with weather forecasting is that..." (Answers on page 258)*

BAROMETER	METEOROLOGY
BREEZY	MIST
CELSIUS	MUGGY
CHILLY	NIPPY
CLEAR	OVERCAST
COLD	OZONE
CUMULUS	PARTLY CLOUDY
DENSE FOG	PRECIPITATION
DEW POINT	RAIN SHOWER
DRIZZLE	RECORD HIGH
DUST STORM	SLEET
FLOODS	SLUSH
FORECAST	SNOW
FREEZING	SQUALL
FROST	SUNNY
FULL MOON	SUNSET
GUSTING	TEMPERATURE
HAIL	THUNDERSTORM
HAZE	TORNADO
HEAT WAVE	TROPICAL STORM
HUMID	TROUGH
HURRICANE	WARM FRONT
LIGHTNING	WEATHERMAN
LOW PRESSURE CENTER	WIND

Q: Can you put six X's on a Tic-Tac-Toe board without making three in a row in any direction?

```
                        E  L  Z  Z  I  R  D
                     Z  I
                  A
               H
            M  U  N  I  P  P  Y  D  T
         I  R  C  F  R  O  S  T  S  N  R  I  R
         G  O  E  H  G  R  I  S  U  I  S  L  E  C
      B  L  T  T  C  L  N  I  T  T  W  L  O  W  O  O
   Y  D  A  S  T  R  O  P  I  C  A  L  S  T  O  R  M  F
   D  T  S  R  A  E  W  R  N  T  A  T  F  E  H  O  G  W
D  U  N  R  E  O  U  P  S  D  U  S  N  I  M  S  T  N  E  C
E  O  O  L  D  I  M  R  G  Q  H  D  U  E  P  N  L  I  A  H
W  L  C  N  N  O  T  E  S  R  E  I  I  G  E  I  T  Z  T  I
P  C  A  D  U  S  T  S  T  O  R  M  G  N  R  A  C  E  H  L
O  Y  O  D  H  W  D  S  I  E  R  U  O  H  A  R  N  E  E  L
I  L  G  Z  T  O  S  U  N  M  R  H  G  T  T  O  O  R  R  Y
N  T  Y  G  O  L  O  R  O  E  T  E  M  F  U  O  O  F  M  P
T  R  O  L  U  N  F  E  T  V  E  T  N  O  R  F  M  R  A  W
   A  F  S  N  M  E  C  F  Y  E  O  O  R  E  S  L  R  N
   P  H  U  Y  Z  E  E  R  B  N  R  S  E  T  U  L  O  R
      L  I  G  H  T  N  I  N  G  N  C  C  E  N  U  L
      E  V  A  W  T  A  E  H  A  U  A  Y  S  F
         G  O  F  E  S  N  E  D  O  S  S  E  N
            I  R  H  G  U  O  R  T      T
                              E
                           E
                        T  L
            C  U  M  U  L  U  S
```

IN THE COUNTRY

There's nothing Uncle John loves more than a "somebody done somebody wrong song." How many country tunes can you find? (Answers on page 257)

ACHY BREAKY HEART
ALWAYS ON MY MIND
ANYTIME
BLUE SUEDE SHOES
COOL WATER
CRAZY
DELTA DAWN
DON'T BLINK
EL PASO
FADED LOVE
GALVESTON
HAPPY TRAILS
HEARTBREAK HOTEL
HELLO DARLIN'
I NEED YOU
I WALK THE LINE

I'M SORRY
JAMBALAYA
JOLENE
KAW-LIGA
KING OF THE ROAD
NEON MOON
REDNECK WOMAN
RING OF FIRE
ROCKY TOP
SO SMALL
TAKE ME THERE
TENNESSEE WALTZ
THE DANCE
WALK ON BY
WHISKEY RIVER
YOUR CHEATIN' HEART

```
N A M O W K C E N D E R I N G O F F I R E
T M U Y R R O S M I W A L K T H E L I N E
R P R B F L E T O H K A E R B T R A E H H
R E T A W L O O C R A Z Y B N O K L A W A
F T A K E M E T H E R E L P A S O W K C P
T R C W A G Q A Y A L A B M A J S A H C P
B A H A K J Z O L W L W H I X B W Y D S Y
P E T J E I R K B B H E O R I L B S E T T
L H N U N K N E O L L W U D I R Z O E H R
T N D O Y W F G V L N L K G E J H N V E A
C I S Y D P A L O I N H A A Q S N M O D I
G T I D I Q F D A F R O K M E E V Y L A L
R A P E U I A N A O T Y T D S L S M D N S
D E P E J R E N C T H H E S J O L I E C M
Q H E N L O Y K D E L U E K E K S N D E Q
E C K I N T Y R A W S E J R S V T D A E F
R R N M I T L R B E W K D D O I L L F A F
P U O M O K T M U A L V N Q Z A H A N Y K
F O E P I O C L L T V Z U K U R D W G T O
N Y K N I L B T N O D E J W M M H N F R V
M H E J V G Z I N N J Q D D V T E A S O S
```

The word "chameleon" is from the Greek for "little lion."

O CANADA!

Welcome to the world's second-largest country (in total area). Find the terms listed below in the grid shaped like mainland Canada. (Answers on page 258)

ALBERTA
ALEX TREBEK
CALGARY
CN TOWER
EDMONTON
GOLD RUSH
INUITS
KLONDIKE
MAPLE LEAF
MOLSON BEER
MONTREAL
MOOSE JAW
MOUNTIES
NUNAVUT
O CANADA
ONTARIO
OTTAWA
QUEBEC
SEAGRAM'S
THUNDER BAY
TORONTO
YUKON
YUPIK

Q: What do the letters of the messenger program ICQ stand for?

```
                        T
                      M U C
                    L A V
                  R O P A
                O E V L N
              R C S C E B E U Q
            M A X E P B Y L N N X
          Y O N L O I G N I E       U K
          E A F B L T O O N A         R Y
      Q D C K E N N L S U F S
      A M A S R B U D L I         S E N
          O L O T N O R O T         B S K O
          N G T A R M U M S         R E I K
          T A W A J E S O O M         Y B R P U
          O R Z U P E H R B N A       N E A O U Y     J O
          N Y A B R E D N U H T R       R T X N Y S
          L B W S W C N T O W E R G       T N N
            A V Y K L O N D I K E A X O C T Q
                  B U S R W A E F W
                    A B P L S
                    W D S A
                    W
```

HAVEN'T GOT A CLUE?

You will after you round up the usual suspects—22
great detectives and private eyes. (Answers on page 259)

BULLDOG DRUMMOND
C. AUGUSTE DUPIN
ELLERY QUEEN
FATHER BROWN
HERCULE POIROT
JESSICA FLETCHER
JUDGE DEE
LEW ARCHER
LORD PETER WIMSEY
MIKE HAMMER
MISS MARPLE
NANCY DREW
NERO WOLFE
PHILIP MARLOWE
PHILO VANCE
SAM SPADE
SHERLOCK HOLMES
SPENSER
STEPHANIE PLUM
THOMAS MAGNUM
TRAVIS MCGEE
VERONICA MARS

What is an *abandannad*? A pickpocket who steals handkerchiefs.

```
E Y X D T H I D V M T Q W F Y K I I V A Q
S W C M W F T X Z T N V N E R Z V K T O E
P D Y E S M I W R E T E P D R O L H C J A
W H N G X Z T I P Z R E T L E D D L H I M
E S E M L O H K C O L R E H S Q Y N L E W
X R E I O R N A W W A D E D N J L C L A V
C A U K Z Y T O E V A R I I E D Q P N F U
W M Q E G C L W I P C N P S P G R I H A H
V A Y H W F W S S U T U S H S A D X W T N
P C R A E U M M L R D I I T M L K U H H W
F I E M Y C A E N E C L E S D E F O J E E
K N L M G S P X T A I P S H F W M G X R W
V O L E L O L S F P H I L O V A N C E B N
R R E R I H U L M A M H W H S R P P Q R H
K E Y R P G E A N I D Y E M H C O T X O M
Q V O T U T R I P A X V A Z B H I W S W O
C T T A C L E E Z S Z G F G S E R P X N R
R W C H O P S H O O N B Q W U R N M I T Q
H Y E W L Y E R N U I T L L G C R L U W K
D R E U D N O M M U R D G O D L L U B T O
W W M L Z H W F W W G D Z C V Z O A V K G
```

Mickey Mouse's first spoken words: "Hot dog, hot dog."

WHAT'S YOUR SIGN?

Some say that people who believe in astrology are full of bull.
We say that this bull is full of astrology. There are 36 words associated
with astrology hidden in the Taurus-shaped grid. You may know that the
12 zodiac signs are constellations, but did you know that the sun actually
moves through those constellations plus one other? After you've
found all the words in the grid, the leftover letters will tell
you more about it. (Answers on page 258)

AIR
AQUARIUS
ARCHER
ARIES
BIRTH DATE
BULL
CANCER
CAPRICORN
CHART
CONSTELLATIONS
CRAB
CUSP
EARTH
FIRE
FISH
GEMINI
GOAT
HOROSCOPE

HOUSE
LEO
LIBRA
LION
PISCES
PSYCHIC
RAM
RISING
SAGITTARIUS
SCALES
SCORPIO
SIGN
TAURUS
TWINS
VIRGIN
VIRGO
WATER
WATER-BEARER

```
O G R I V
      O                                           T        H
    L E                                   E              A
    L                                     V              R
    U                                 I S T P H A C
    B                             R C S S S Q I H
      I R T R               G O A T E U I O E
    P E R C H A R T E I I R E P I A C R G R
    S N T T G N M H W N P I S R R C O S U N A
    Y L L N H E O D L I B R A I I S   O I A P
    C F I S H D H I O M N I U C C F     U P T
    H S N O I T A L L E T S N O C
    I S U I R A T T I G A S P R R
  R C S W A T E R B E A R E R N A C
  E E H     U A         S L T     B I H
  C E       R         S A         R
  N         T         C         E R
  A P       H E       S N     T B
  C E       A R       E R
```

...It was easily cracked, and she was beheaded.

THE
INTELLECTUAL LIFE

*Ahh, toga parties, keggers, coeds, football—we
love college! (Answers on page 259)*

ALMA MATER
ALUMNI
ANIMAL HOUSE
BOOKS
CHEMISTRY
CLASSES
COED
CRAMMING
DEAN
DORM
DUKE
ENGINEERING
FOOTBALL
FRATERNITY
HARVARD
HISTORY
IVY LEAGUE
KEGGERS
LANGUAGE
LAPTOP

LAW
LIBRARY
MAJOR
MATH
MEDICINE
MINOR
PANTY RAID
PHYSICS
POLY SCI
PRINCETON
SORORITY
STADIUM
STANFORD
TESTS
TOGA PARTY
TRACK
TUITION
UNIVERSITY
VASSAR
YALE

```
S P V V J D Q P A H A Q C S D M S A W T Z
R S B G X F E R V N Y T I N R E T A R F Z
E E E A E C F I Y R I U P R A Y V B S H N
G Z D T Y U J N Y F A M U M V T G R A J Y
G N I M M A R C T Q L P A Z R P J L Z R U
E S E M M T J E I X M P L L A B T O O F C
K D M I U R N T S V A H R H H D K T C D H
W P O T P A L O R A M Y P W B O S C X Y E
U M E D I C I N E S A S T A D I U M K U M
G A T M O K H A V S T I P Y H W L S F I I
Y S L E I E P E I A E C E N B H E B E Z S
F H D I D N T D N R R S G H C H D I A B T
W E T I B Z O F U G Y Q S O Y T I H T O R
C M K A A R O R T U I T I O N N S L G C Y
Q Z A U M R A X F S C N I V Y L E A G U E
Y W Q A D Q Y R Q E S D E W B Q P W L Z U
I K J S T S E T Y S Y E E E U A V J C G R
U O W R K A V F N S L G V Y R Q F V L M P
R P N O I N M U L A O L R T S I F V U K V
R S O R O R I T Y L P O Y Y I P N I O Q O
U B O R V D P N O C Q L A N G U A G E I G
```

There are 31 possible 17-letter words in a game of Boggle using the "qu" cube.

AN XCELLENT PUZZLE

X marks the spot. (Answers on page 261)

ANXIETY
AXIOM
AXOLOTL
BEESWAX
BOXER
BUXOM
EPOXY
EXAMPLE
EXIT
EXPECT
EXPERTISE
EXTRA
FAX
FIXTURE
FLEXIBLE
HEXAGON
HOAX
INDEX
JINX
JUKEBOX

LYNX
MAILBOX
MAXIM
MAXIMUM
MEXICO
MINX
OXYGEN
PARADOX
PIXEL
PROXY
QUIXOTIC
SEXPOT
SOAPBOX
TAXI
TEXAS
TEXMEX
TUXEDO
VIXEN
XEROX
XERXES

The sombrero was designed to provide shade for the entire body...

```
E X G S C                         L G U L H
F N K A I J                     R T M K Q B
M I N X T E N                   L I O S Y O X
W J A E O Y U O               A M U L X S O T
  T X T X D T D G           R A X I O M B Y
    X J I P A S L A     T X A E P X P M
      K U N E R U T X I F T E Y A A
        Q K D R A E M E X I C O I
          P E E T P W X H J S L
            J B X I X I T X B
              E O A S T U O
            L Y N X N E X I V
          P Z X A F E Y E R T N
        M I I W L X G R D R R E W
      A Q E S E P E B S O E X U X C
    X R T E X E N L   M A X I M U M S
  E E Y E I C D O     H O A X E H E X
G V R B B T T N       B U X O M X X A
C J X L W K E           L E X I P F Q
X N E P C X             N P R O X Y
H U S M A               E C T C X
```

...*Sombra* means "shade" in Spanish.

OXYMORONS

You don't need to study military intelligence to know that an oxymoron is a word or phrase that combines contradictory elements... like "military intelligence" or "plastic glasses." Your mandatory option is to find the 38 oxymorons listed in the grid. We hope you find it somewhat addictive. (Answers on page 260)

BABY GRAND
BAKED ALASKA
CRIMINAL JUSTICE
DAILY SPECIAL
DEFINITE MAYBE
DODGE RAM
ETERNAL LIFE
EVEN ODDS
FIREWATER
FREEZER BURN
FRESH FROZEN
FRIENDLY FIRE
GOOD GRIEF
HOLY WAR
INDUSTRIAL PARK
INSIDE-OUT
JUMBO SHRIMP
LITTLE GIANT
LIVING DEAD

LOYAL OPPOSITION
NEVER AGAIN
NIGHT LIGHT
"NOW, THEN"
OPEN SECRET
ORIGINAL COPY
PRETTY UGLY
RANDOM ORDER
RESIDENT ALIEN
ROCK OPERA
SAME DIFFERENCE
SCIENCE FICTION
SILENT SCREAM
STOP-MOTION
STUDENT TEACHER
TIGHT SLACKS
TURNED UP MISSING
VIRTUAL REALITY
WORKING VACATION

Only three English words use "en" to pluralize: oxen, brethren, and children.

```
W F O T H G I L T H G I N S I D E O U T U Q
Q O P E N S E C R E T A W E R I F R O U K D
M A R E G D O D Y T I L A E R L A U T R I V
O V W K X N G C I B L I T T L E G I A N T L
N O I T I S O P P O L A Y O L P V P H E L D
E Y R Z I N Q I L A I C E P S Y L I A D E S
Q P E I P S G I T I G H T S L A C K S U J T
Q O S O U T C V R C Q K A O I K L S D P Q S
E C I T S U J L A N I M I R C S Q G V M E D
B L D Y N D C V V C E F T W M A N I D I R D
Y A E L Y E X N O D A S E O G L J A S S E O
A N N G N N X J I C U T N C F A E I E S D N
M I T U E T Q F U D F R I E N D L Y F I R E
E G A Y Z T F V N M U M I O G E Y R X N O V
T I L T O E U I R B B R N N N K I T A G M E
I R I T R A U D R N G O I T S A B C M D O R
N O E E F C B E S D W V S O A B J F S B D A
I W N R H H Z C O T I C M H O L Y W A R N G
F C E P S E Y O H L R D N A R G Y B A B A A
E A L O E R G E T E R N A L L I F E V K R I
D O V R R Q N G A J S N O I T O M P O T S N
I S F J F Q Y M B E L M R O C K O P E R A D
```

Studies show: Playing board games may reduce the risk of dementia.

AT THE SUPERMARKET

Now that's what we call a shopping list. (Answers on page 260)

APPLES	ORANGES
BACON	PANCAKE MIX
BANANAS	PAPER TOWELS
BEETS	PASTA
BREAD	PEARS
CARROTS	PEPPER
CELERY	PICKLES
CEREAL	POPCORN
CHEESE	POTATO CHIPS
CHICKEN	RICE
COFFEE	SALAD DRESSING
COOKIES	SALAD MIX
DELI MEAT	SHRIMP
DETERGENT	SOUP
EGGS	STEAK
GUM	STRAWBERRIES
HONEY	SUGAR
JUICE	TEA
LETTUCE	TORTILLAS
MAPLE SYRUP	TV DINNERS
MARGARINE	WAFFLES
MILK	WATERMELON
MUSHROOMS	YOGURT
ONIONS	ZUCCHINI

It takes 576 dots on a computer screen to form every character in the Japanese alphabet...

F S E G N A R O O V T J H S C Q Q C R R G
T I S T E E B M W T H O D S S H S P I T S
E H O O V K K G M M S S Y E H T E V S Z R
U Y U O Y G S C H U G U S B T P I E L A E
J U I C E W U W I D G X T U P E R A S F N
W T B P N C F D S H E F O E S B R B S E N
W D N S O U U Y E P C K R K F M E G L S I
Q R O M H P P T S Y I R R M Y L B O E A D
P S O O W E U G T E R H A T J D W P W N V
O E Z O A L Q O B E L P C O T G A V O A T
P L Q R K J Y L S L L F A O H S R E T N O
C P S H V O A E A E T M F S T P T N R A R
O P J S G N I S S E R D D A L A S U E B T
R A G U S K H Y E Q R E W L W N T G P Y I
N S R M O R R F X L L E C A B C P O A C L
J T E O I U F S X I K E C D P A I E P H L
N E C M P O N M M M L R D M B K C Z O W A
G A P L C O B E Z E I Z I I W E K O K J S
G K E N I R A G R A M D X X S M L R N X I
S A F N J T A Y Z U C C H I N I E S W W P
D N O L E M R E T A W H A T Q X S V J I Q

...but only 35 for the English alphabet.

WAY DOWN SOUTH

Welcome to South America, home of the tallest waterfall, driest desert, and longest mountain range. It's also where you'll find all of the items in this grid. How many can you track down? (Answers on page 261)

AMAZON RIVER	LLAMAS
ANACONDA	PAMPAS
ANDES	PERU
ARGENTINA	PIRANHA
BOGOTA	RAINFOREST
BOLIVIA	RIO DE JANEIRO
BRAZIL	SAO PAOLO
CHILE	SPANISH
COLOMBIA	SURINAME
ECUADOR	TAPIR
GUYANA	TITICACA
JAGUAR	VENEZUELA
LA PAZ	VICUNA
LIMA	

```
            J
      P S S E Z N O
      N I Q C O U W L Q
      A E R U O F R K O Z
  T C M A A S L R E F A
  D A A N D N A O B P P P H
  K C N U O J H M M O A T O G O B
  T I I C R J A A A B L M P A R N U
      T R I K I P G I L I I P E S H U
      I U V E N E Z U E L A V A S I
      T S E R O F N I A R I S I S
          X A N A Y U G R L N E A
            O C F M E N I A D K
            R A Q N O Z P N Q
            I U T Z A S A
            E I A R C N T
          S N M B H A K
          A A S I C C
          L J L O P
          I E N Q
          M D Y
          A O A
            I J
            R T
              M
```

Shakespeare used only 17,677 words in all of his writings.

FALL-ING FOR YOU

*From apples to trick-or-treat, the good
things of autumn. (Answers on page 262)*

APPLES
BLUSTERY
CIDER
COLD NIGHTS
COLORS
COSTUMES
CRISP DAYS
CRUNCH OF LEAVES
DOUGHNUTS
DRIED CORN
EQUINOX
FALL FOLIAGE
FIREPLACES
FOOTBALL

HALLOWEEN
HARVEST
HEARTH
INDIAN SUMMER
NOVEMBER
NUTS
ORANGE
PILGRIMS
PUMPKINS
SCARECROW
SWEATERS
THANKSGIVING
TRICK OR TREAT

```
Q G N I V I G S K N A H T A M W B N U T S
X B A V L K K T S E V R A H C P H M Q J W
H F P E Z U G T E G F A L L F O L I A G E
E L P O Y F U R C V U O E Y L C Q J P C A
G B L K F N V E A T A E R T R O K C I R T
B K E A H H Y B L V P A Y U L E W P L X E
X Z S G B H E M P D S I N H G F T E F M R
C Y U E D T I E E K O C O L O R S S E R S
I O T T A R O V R G H R O W T P U I U N Z
D I R H B A A O I O H I T L S Z A T T L M
E R N A Z E Y N F X P S Z X D N Z S Y B B
R W I D N H D L O H U P C E N N M S G N A
D B W E I G E E O Y S D A A D I I V L W N
A P B H D A E W E C Y A C O R I V G L A M
Y N A I V C N X O M O Y X G O E B Q H R S
S D K E U V O S V V I S L F B B C L Y T A
Q O S O T N D R U G P I T Y C F T R Y M S
D D B J I O A O N M P O C U V E O L O J E
Q U P U M P K I N S M E F P M H C E M W U
J C Q L J S H M F D V E Y D C E W M Z Y D
L E G G S U W K V G G B R E T N S A R A X
```

Highest recorded score in a game of Scrabble: 1,049, by Phil Appleby in 1989.

CHURCH KEYS?

"When I do good, I feel good; when I do bad, I feel bad. That's my religion." —Abraham Lincoln. *(Answers on page 261)*

ABRAHAM
ADAM
ALLAH
ANGELS
ANIMISM
BAHAI
BETHLEHEM
BIBLE
BREAD
CHRISTIANITY
CONFUCIUS
CROSS
DEVIL
DHARMA
EVE
FAITH
FOLK
GOD
GOLDEN RULE
GOSPELS

HEAVEN
HELL
HEROD
HINDU
HOLY LAND
ISLAM
ISRAEL
JAINISM
JESUS
JOHN
JONAH
JOSEPH
JUDAISM
KOAN
KORAN
LOT
LUKE
MARK
MARY
MORALITY

MOSES
MYSTICISM
NOAH
OLIVE TREE
PETER
PRAYER
RITUAL
RUTH
SALVATION
SATORI
SHAMAN
SHINTO
SIKH
SIMON
TANTRA
TAOISM
TRIBAL
WATER
YOGA
ZEN

Fractured phrase: To peruse words below one sentence but above another is to...?

```
                  U
                  U
               G  U  J
            E  O  B  W  N
         P  M  L  Z  R  L  T
            S  D  U  C  B
            I  E  S  H  G
            A  N  H  F  O
            D  R  V  H  S
         D  U  U  Q  E  P  D
      S  N  J  L  W  V  E  H  T
   Q  A  A  K  E  B  C  L  E  R  E
D  K  L  L  I  O  S  H  S  A  I  H  M
   V  Y  B  F  A  U  S  V  B
   A  L  V  O  I  N  S  E  A
   T  O  N  C  W  L  O  N  L
   I  H  U  A  E  X  R  O  E
   O  F  T  G  E  J  C  M  A  M  A  R  Y  S
   J  N  E  N  L  A  U  T  I  R  A  S  D  N  E  M
   M  O  R  A  L  I  T  Y  G  S  S  L  X  H  Z  S  S  P
T  C  N  L  N  N  R  A  O  Z  H  I  S  C  R  A  O  I  S
   A  L  I  V  E  D  M  Y  S  T  I  C  I  S  M  O  H
   H  S  M  V  T  S  A  R  G  V  U  D  N  I  H  A  I
   M  I  I  M  E  A  H  M  A  D  A  R  T  N  A  T  N
   V  K  S  K  P  T  A  E  L  H  O  F  O  L  K  K  T
   D  H  M  F  O  O  R  V  U  O  D  R  L  K  L  R  O
   P  R  A  Y  E  R  B  E  K  Z  T  A  E  Q  L  A  M
   B  I  B  L  E  I  A  B  E  T  H  L  E  H  E  M  M
   T  A  G  O  Y  T  I  N  A  I  T  S  I  R  H  C  Z
H  P  E  S  O  J  N  A  G  B  A  I  A  H  A  B  Y  M  D
```

IN THE WORKSHOP

*Hey, Mr. Handyman, how many of these
are in your garage? (Answers on page 262)*

ANVIL
AUGER
AWL
CALIPERS
CHAINSAW
CHISEL
CHURCH KEY
CIRCULAR SAW
COUNTERSINK
CROWBAR
DRILL
EMERY WHEEL
GAUGE
GRINDSTONE
HACKSAW
HAMMER
HANDSAW
JOINTER
LATHE
LEVEL
MAUL

MULTITOOL
NIBBLER
PIPE CUTTER
PLANE
PLIERS
PUNCH
RAZOR
RULER
SANDER
SAWHORSE
SCREWDRIVER
SCYTHE
SHEARS
SHOVEL
SICKLE
SPOKESHAVE
STRAIGHTEDGE
TIRE IRON
UTILITY KNIFE
WOODCARVING KNIVES
WRENCH

The unpronounced letters in a word—like the K in "knife"—are called *aphthongs.*

```
F G F G R I N D S T O N E D D C W F E D S
R K B S L T X A N Z X S N R L N A P W J G
A M L E E H W Y R E M E L F B L S G S E W
H W V O V H A J F P L R Z L K L N N H F C
X C N M O Z R V Q E G D E T H G I A R T S
M I N R S T E P R P N F T C L Y A Z M E C
O J S E B D I A X J O I N T E R H F V X Y
B E P J R B B T X A W U B T V Q C I T E T
I V I Z R W U O L H P A Y B E V N X K M H
X A P X O Q O S K U U F S Z L K O H L A E
B H E R N X G I T R M I W K G E C S M S D
X S C L B R K C Y G Z Y E N C R R M F L P
F E U E F I N K Y T I L I T U A E W O R L
W K T N F L D L T A S V K H E R H D E E I
X O T P L A N E W X R X C H I S E L N G E
L P E I H H M F H A N D S A W D U D Z A R
E S R E P I L A C I R C U L A R S A W U S
V D A U G E R D U Y I J Y Y A J P E A G J
O J Z X N X O C Q L I V N A X T W R U E R
H M O G C O U N T E R S I N K B H U A E H
S C R E W D R I V E R W V N O R I E R I T
```

First documented use of the word "puzzle": 1595.

TILT!

We've hidden 42 pinball-related words and phrases in the flipper-and-ball grid. When you've found them all, the leftover letters will reveal what Jack Handey of SNL's "Deep Thoughts" said in response to his own question: "Why do people in ship mutinies always ask for 'better treatment'?" (Answers on page 264)

ARCADE
AWARD
BALL LOCK
BALLY
BLINKING LIGHTS
BONUS
BUMPER
DEAF, DUMB, AND BLIND KID
"DING-DING-DING-DING"
DRAIN
DROP TARGET
EXTRA BALL
FLIPPERS
FREE GAME
GATE
GOBBLE HOLE
GRAPHICS
HIGH SCORE
JACKPOT
KICKER
MATCH

MULTIPLIER
NUDGE
OUTLANE
PINBALL WIZARD
PLAYFIELD
PLUNGER
QUARTER
RAMPS
REPLAY
ROLLOVER
SHAKE
SHOOT AGAIN
SLAP SAVE
SLINGSHOT
SOLENOID
SPINNERS
SPRING
TILT
TOKEN
TRAP
YOUR TURN

"It is a damn poor mind indeed which can't think of...

```
                        P D G I
                    O U T L A N E D
                E A S K E U F I R O
                R X S P I N N E R S
            A P I T N F B P G A P P
            L S L M R Y L A C E I S
            S H O O T A G A I N R H
            I A N E Y L B B B E C A
            K S L A P S A V E W
            E A K C O L L L A B
            B A L L Y U R L
    S E W I T H       W A L D
  S O L E N O I D L I
P T Q U A R T E R Z H A T
A F R D R O P T A R G E T T
R O L L O V E R I O C K L I N G B
T A D I N G D I N G D I N G D I N G C K
R E I L P I T L U M T A N T O H S G N I L S
  J A C K P O T D F O S U N O B R H T S P M A R E
    H Y O D E A F D U M B A N D B L I N D K I D E G U
        D P R R B L I N K I N G L I G H T S O M K D B B
          S C I H P A R G A B E L H T Y B A E C U A B
            L E H C T A M T H O S O G G E M I N T
                N R U T R U O Y C K E P A L K O
                  T E O F L F O E D A C R A
                      R E E R R N E G A
                          M F E E S
```

...at least two ways to spell any word." —Andrew Jackson

GREETING CARDS

Just in case you forgot, Pickle Appreciation Day falls in mid-November. (Yep, there's a card for it.) (Answers on page 263)

ANNIVERSARY
APRIL FOOL
BIRTHDAY
BROTHER
CHANUKAH
CHRISTMAS
EARTH DAY
EASTER
FATHER
FLAG DAY
FLOWERS
FRIENDSHIP
FULL MOON
GET WELL
GRANDPARENTS
GROUNDHOG DAY
HALLOWEEN
HUMOR
INDEPENDENCE
INSPIRATIONAL

INVITATION
LABOR
LENT
LINCOLN'S BIRTHDAY
MONEY WALLET
MOTHER
NEW YEAR'S
PETS
RETIREMENT
ROMANCE
SISTER
SMILE MONTH
SPORTS
ST. PATRICKS
STAY IN TOUCH
TEENS
THANK YOU
THANKSGIVING
TRAVEL
WEDDING

Q: What palindrome can be good or dastardly? (A: Deed)

```
S G W Q C I K E C U S M I L E M O N T H L
T G L E I K B D H T N E M E R I T E R B L
P K Y S E V B T T H A N K Y O U E V N R L
A A S T E C N A M O R O B A L N F K G O E
T P Y A D G A L F R I E N D S H I P X T W
R C W Y G U S A M T S I R H C C R W U H T
I P L I N C O L N S B I R T H D A Y T E E
C H A N U K A H A S T N E R A P D N A R G
K Y R T L E V A R T E L L A W Y E N O M E
S A Z O G B A I L J C K I E P L O T C A Q
N J Z U N Q X P L A N O I T A R I P S N I
L P R C I E O L G X E I N Z D Y I T P Z M
Y P P H V Q M E R X D J N G S R E W O L F
S W M H I P S F J A N N I V E R S A R Y A
R W O U G F V U K F E G L M I E O V T V F
A E T Q S M U L R B P T I E O T L M S C X
E D H T K W C L E J E X W T U S A W U F X
Y D E T N M Q M A S D X W Z B I B T U H V
W I R Y A D G O H D N U O R G S M K I L J
E N Z A H F Y O J S I U A P R I L F O O L
N G G R T U P N V Z B T H A L L O W E E N
```

The word "one" has appeared in the titles of more than 500 films.

BIG NAMES
IN THE KITCHEN

*If you collect recipes and love to cook, you'll
know many of these. (Answers on page 263)*

ALAIN DUCASSE
ALICE WATERS
ANTHONY BOURDAIN
BOBBY FLAY
EMERIL LAGASSE
ESCOFFIER
FANNIE FARMER
GORDON RAMSAY
GRAHAM KERR
HELL'S KITCHEN
IRON CHEF
JOËL ROBUCHON
JULIA CHILD
MARTIN YAN
MICHEL ROUX
NIGELLA LAWSON
PAUL BERTOLLI
PAUL BOCUSE
PAUL PRUDHOMME
RACHAEL RAY
TODD ENGLISH
WOLFGANG PUCK

Shakespeare used the word "the" 27,457 times in his writings.

```
B G R A H A M K E R R E J D T I J S I F S
J X J U E D L I C V K M Q Z V H L C C W W
S I U O L A V M A R T I N Y A N P E N S J
G Q H N L F H E J I R O N C H E F H Y T I
I R S E S N E S S A C U D N I A L A K P Z
K J Y M K L Y M H C V L I D N B N H P E A
O O A E I X X Y M H O G J N E T N S P H Y
O E S R T C I P A O E F I D H N P F Q Q A
S L M I C F H L M L H E F O H A G O S I R
X R A L H S O E L R F D N I U I Y L Q T L
U O R L E G R A L A M Y U L E F Z H I A E
N B N A N B L E R R B S B R P R Q J C S A
J U O G P A O M T O O E L B P R U U H J H
X C D A W Q E L U A R U U E O L C X I E C
Z H R S O R T R X T W E X D I B U H V A A
M O O S Q P D Q O J W E A A K Z C A D F R
E N G E M A L L M E S U C O B L U A P P Z
D S L M I M L X M I X H T I Y E F P I W N
K N U N Y I U J X U I O U B L G X F B I C
K C U P G N A G F L O W L R P A C D C Q A
E Q N Q A E O E D Z G H J V G H Y F G N L
```

He used the word "damned" 105 times in his plays.

BIG PICTURES

*These films have all taken home the big
guy…Oscar! (Answers on page 265)*

ALL ABOUT EVE
AMADEUS
AMERICAN BEAUTY
ANNIE HALL
BEN-HUR
CASABLANCA
CAVALCADE
CHICAGO
CIMARRON
CRASH
GANDHI
GIGI
GRAND HOTEL
HAMLET
MARTY
MY FAIR LADY
OLIVER
PATTON
RAIN MAN
REBECCA
ROCKY
THE GODFATHER
THE STING
TITANIC
TOM JONES
WINGS

In the Finnish version of Scrabble, the letter "D" is worth 7 points.

```
        R E L J                 R C W L
      J E N Y G S           T E L M A H
  A S V Y T R A M       V E B E N H U R
  Z L I L U A L M       S U E D A M A H
  T E L C A N M N       R O C K Y G M T
    S O A E D H           T C D L Q I
      O S B H               A J N T
        A N O T T A P L N G A
        N B A T U F H R Q N N M         Z
        V L C E K T I V F I I N P V E
        C A I L I A E B C E T I V B M
        Q N R A F G X V G H S A R C S
        V C E Y E H I A E A E R         T
        I A M H W I N G S L H W
        I Y A R E D O E D L T A
            F H D N G
            I F O A O A
          A A J       C R C
        G T M           L R I
      Q H O               A A H
    T E T                 V M C
  P R W                     A I T
  A M                       C C R
  N O                         U E H
```

The full chemical name of tryptophan synthetase (an amino acid) is 1,909 letters long.

WORLD CAPITALS

See if you can track down these
24 capitals. (Answers on page 264)

AMSTERDAM	COPENHAGEN	OSLO
ATHENS	DUBLIN	OTTAWA
BANGKOK	LIMA	PARIS
BEIJING	LONDON	ROME
BERN	MADRID	SEOUL
BUDAPEST	MEXICO CITY	TOKYO
BUENOS AIRES	NASSAU	VIENNA
CAIRO	NEW DELHI	WASHINGTON DC

```
U N O T T A W A B U E N O S A I R E S
E U U U J M C O P E N H A G E N J Q H
N W A S H I N G T O N D C F U H V M D
B V M Q O L A B E I J I N G P S A Z I
A I Y M E X I C O C I T Y N E D B H I
N E M L D U B L I N E L G V R N L D R
G N O S L O O E Q B M T O E T E I E K
K N A R R A Y P R A O V T N D R I R Q
O A I S T C K A B N R S C W D N W E K
K R E H S D O R U A M C E A N O C I E
N N E A A A T I Y A R N M O I C N Y I
P N B Y E P U S M Q T O T G U R Y R A
S P T S E P A D U B T P N L D L O G L
```

Oldest known board game: the Egyptian game of Senet dates to 3500 BC...

TUT TUT!

Hanging out with the Boy King. (Answers on page 264)

AFRICA
ALEXANDRIA
BLUE NILE
CAIRO
DATES
EGYPT
FIGS
KING TUT

LUXOR
OASIS
PALMS
PHARAOH
PYRAMIDS
SPHINX
VALLEY OF THE KINGS
WHITE NILE

```
                A
              F L W
            R I E Z H
          I O G X G B I
        C O X S A S Y L T
      A A N U M N E N P U E
    U S I Z L L D T I W T E N
  E I H R H O A R A H P G B N I
T S P P O R O P I D P E N C G I L
T E S I O S D I M A R Y P I G Z O L E
U J R V A L L E Y O F T H E K I N G S E H
```

...though the Babylonians may have played a board game similar to chess and checkers.

GET MOVING!

*Just pretend you're playing Twister as you locate all
these jumpin' action verbs! (Answers on page 265)*

BOB	ROLL
BOUNCE	RUN
BOUND	RUSH
BUSTLE	SCOOT
CLIMB	SCURRY
CREEP	SEESAW
DANCE	SHUFFLE
DART	SKATE
DIVE	SKID
DODGE	SKIP
DUCK	SLIDE
FALL	SLINK
GALLOP	SPIN
GLIDE	SPRING
GYRATE	STOOP
HOP	SWAY
HURRY	THROW
JUMP	TURN
KICK	TWIRL
LEAP	TWIST
PUSH	TWITCH
RACE	WIGGLE
REACH	ZIGZAG

Crossword clue: Home of the birds and bees . . .

```
L L J K T M O J G G P Y C Y F Y N Z G K R
D A N C E D U C K E T A R Y G V U G Z S D
R B M I L C T V A N Q R E C Q C R M I C I
R G P K D G H M U D O K S L G W Y E N O V
Y O B U S S S P R I N G K J U A A T X O E
H P M U J J X W J X D U I I K W D A A T T
W T U Z S G Q R X P G S P P T E A K K R I
J S X E I T S W A Y R R U C S U B S A M R
O L Y I J G L W A J L E C N U O B D E W P
H I P D A F Z E G L I D E Y N N J O W E U
M N L L R U S A O C E Z G V L Z U K U G S
K K L Q K L R T G M O X T W I T C H Q N H
I O W Z I W U E V M M O O L Y S S V B M D
P V M D L H S P U T J R W G L H R S R O W
P X E O I T H X X P H X C I U A T O H I B
P W O Q S K E B Y T E B L F N O F C L V T
U E T U R N S L S R C C F P O R A B G L N
C R E Z C R T I G C Q L A P J E L M Q I S
O G L R B Q W W G G E H U R R Y C O P L Q
X M B T C T F M F F I Z Y N G N P S U C V
T W I R L J Y R C Q Y W T D O D G E J T N
```

...A: Aviary and apiary.

FUN-FILLED

*Favored friend, we have a funny feeling
you'll enjoy this one. (Answers on page 267)*

FAB FOUR
FAKE FUR
FALL FLAT
FAR FLUNG
FAST FOOD
FAT FARM
FAT FREE
FEAR FACTOR
FEARLESS FOSDICK
FEEDING FRENZY
FEET FIRST
FILE FOLDER
FIND FAULT
FIRST FLOOR
FISH FRY
FLASH FLOOD
FLAT FEET
FLIP FLOPS
FOO FIGHTERS
FOREIGN FILM
FOSSIL FUEL
FRENCH FRIES
FRESH FRUIT
FROSTED FLAKES
FULL FIGURE
FUNNY FACE

There are 22 different meanings of the word "fine" listed in the *Oxford English Dictionary.*

```
S E I R F H C N E R F L I P F L O P S K N
E I T P K D O O L F H S A L F A T F R E E
K C I D S O F S S E L R A E F I S H F R Y
A R U F I L E F O L D E R U G I F L L U F
L O R O           T G F F
F O F R           H D L E
D L H E           G O I E
E F S I           I O S D
T T E G           F F S I
S S R N           O T O N
O R F F J M K H C O S F G G D C K I
R I E I E W Z E T F A B F O U R A M
F F A L L F L A T A F N R P K S S W
E I R M A I M Y Y R U F E K A F J O
E N F R           F N L N
T D A A           L N A Z
F F C F           U Y T Y
I A T T           N F F N
R U O A           G A E R
S L R F           Z C E K
T T H P           Z E T J
```

J. K. Rowling is the first person ever to earn over \$1 billion in the U.S. by writing books.

CRIMINAL MINDS

Talk about trouble makers! These folks fought the law—and the law won…mostly. Can you find them in the grid? (Answers on page 266)

AL CAPONE
BELLE STARR
BILLY THE KID
BLACK BART
BONNIE AND CLYDE
BUTCH CASSIDY
COLE YOUNGER
DICK TURPIN
ED GEIN
ERIK THE RED
HENRY HILL
JACK THE RIPPER
JEFFREY DAHMER
JESSE JAMES
JOE BONANNO
JOE VALACHI
JOHN DILLINGER
JOHN GOTTI
JOHN WAYNE GACY
LUCKY LUCIANO
MA BARKER
MANSON FAMILY
NED KELLY
SON OF SAM
TED BUNDY
THE SUNDANCE KID

Mah Jong was named for a Chinese word meaning "sparrow."

U K J O H N D I L L I N G E R Q V Z S H I
U S O N O F S A M M A E R P V F R Q Q Y L
C M E B E T T G J M A N S O N F A M I L Y
F E V I F V J O M O O D E R E H T K I R E
B A A L C A P O N E H Q S F U Q A H D D L
U Q L L U U J O E B O N A N N O Y J Y F M
T U A Y W C Q N P U S X W Y C R F L B V P
C L C T B M K B C K B T R A N A C Q L W H
H I H H S E K Y J E F F R E Y D A H M E R
C M I E H O V O L S C C H G N N N E P J K
A R L K I F H L U U O L N A N I E G D E E
S X X I L N E R Y L C I E W F B D G M S O
S E F D G S N R E P P I R E H T K C A J N
I P M O T A R Y A R N B A P F L E B B C Y
D U T A G F O V U N M T Y N K P L G A N Y
Y T R B J U N T O W X D A E O U L U R H M
I R F I N E K B D R D F W Y O U Y E K J S
H C Q G T C S D I K E C N A D N U S E H T
A M E J I C Q S P F K B L A C K B A R T A
Q R Y D N U B D E T R B E W N Z U I I A T
K G R Y Q E W M S J X H S E W T Q T U O G

There are 103 forbidden words in official American Scrabble.

ABRAHAM LINCOLN

Our homage to the 16th President. (Answers on page 266)

ABOLITIONISM
AVID READER
CIVIL WAR
DOUGLAS DEBATES
FIVE DOLLAR BILL
FORD'S THEATER
GETTYSBURG ADDRESS
GREAT EMANCIPATOR
HOMESTEAD ACT
HONEST ABE
ILLINOIS
JOHN WILKES BOOTH
KENTUCKY
LINCOLN MEMORIAL
LOG CABIN
MARY TODD
MOUNT RUSHMORE
ORATOR
PAPER CURRENCY
PRAIRIE LAWYER
RAILSPLITTER
SIX FEET FOUR
SLAVERY
TOP HAT
WHIG PARTY
WRESTLER

Parcheesi dates to 300 A.D. and was played...

```
Z C Z P Q V O Y G E Y Y C Z D N S P V I P
J T L P Z O W V Z C X S D D Y I F O S R E
Z I F F B S H V P A Y A L X X S X C A F D
L O G C A B I N K S U Z V F V T W I I R U
I T L Q K W G O V Y T C E I V G R V R R O
N H H W B R P D N T M E X W D I P I G U B
C G O U I E A B U I T N E O E R T L N L J
O R M C Z S R K M F L I S L Z V E W W Y R
L A E C R T T D O U G L A S D E B A T E S
N I S S K L Y U U N M W I N F S M R D L F
M L T K Y E R N N D Y Q E N O O J H M E O
E S E Q G R E A T E M A N C I P A T O R R
M P A P E R C U R R E N C Y G D R J Z G D
O L D L K O F G U D L I Q L Y R E V A L S
R I A G E T T Y S B U R G A D D R E S S T
I T C L N A J O H N W I L K E S B O O T H
A T T M T R O E M O S T W D W L G C D O E
L E M V U O A B O L I T I O N I S M F P A
T R X R C P Z M R C Z E B A T S E N O H T
Y G C K K F I V E D O L L A R B I L L A E
D D O T Y R A M Q K L K J J I B O T Q T R
```

...in the Korean, Syrian, and Aztec cultures.

DOWN ON THE FARM

About all we've left out of this barn-shaped
puzzle is E-I-E-I-O. (Answers on page 267)

BARN	GRASS
BEES	HAYLOFT
BULL	HAYSTACK
CALF	HENHOUSE
CAT	HOG
CATTLE	HORSE
CHICKEN	MEADOW
CHICKS	MICE
CLOVER	MILK
CORN	MILL
COW	OATS
CROPS	OLD MACDONALD
DAIRY	PASTURE
DOG	PIG
DUCK	REAPER
FARMHOUSE	ROOSTER
FENCE	SHEEP
GARDEN	SILO
GEESE	TOOLS
GOAT	WHEAT

According to a list compiled by Ben Franklin...

```
                    E
                  L A I
                O V V Y O
              Q E E R F R Q
            B R R I S F E T F
          T U S A P I U V T X N
        E O L D M A C D O N A L D
      N S E L T T A C K L H M O O M
    T G Y X D F G D B R C A N Z G R H
  E U I J E M F A R M H O U S E O I F Y
    E S E E G D S L S V P D O H L P
    G B J A M I L K C A T S Y A H K
    N C V D L I C H S O T P C Y T R
    E M G O M I I T C E R O A L E S
    D C I W H C U C R V W N T O T D
    R D N C K R         R O F G G
    A W I E E E         A O T R S
    G B N S F A         B L A H S
    J B R R I P         A S E E B
    M O K O W E         S E H B C
  V C H Y L A R R       P E W I K B C
```

...there were 228 American slang terms for being drunk in 1737.

YOU HAD ME AT HELLO

We've left out Basque (Kaixo) and Pig Latin (Ellohay), but this list will really come in handy if you find yourself in Esperanto country (though we're not sure where that is exactly). (Answers on page 268)

ADAAB (Urdu)
ALOHA (Hawaiian)
BONJOUR (French)
CIAO (Italian)
GRUESS GOTT (Austrian German)
HEJ (Swedish)
HELLO, EH? (Canadian)
HOLA (Spanish)
HOWDY (Texan)
IA ORANA (Tahitian)
JAMBO (Swahili)
KIA ORA (Maori)
MALO E LEILEI (Tongan)
MAMBO (Congo)
MINGALARBAR (Burmese)
NAMASTE (Hindi)
NI-HAO (Mandarin Chinese)
OHAYOU GOZAIMASU (Japanese)
PREEVYET (Russian)
SALAAM (Persian)
SALUTON (Esperanto)
SAWUBONA (Zulu)
SHALOM (Hebrew)
XIN CHÀO (Vietnamese)
YIA SOU (Greek)
ZDRAVO (Serbian)

Eleanor Abbott designed the game Candy Land for children recovering from polio.

O V B A I G M H X O V B N U W
H E O L L E H N V I Z O R M J
A E N O T U L A S C N N C O W
Y Z J H J M R I F I B J H L R
O B M A M D A X E M Z O G A Y
U D M A Z N D E C L W U B H G
G B K I A O R A T D E R S S D
O A U R C F N E Y S A O A X M
Z I O I O O Y I G L A Z L T I
A A O J B V A D A A B M A A S
I G R U E S S G O T T C A X M
M K W E O H N I H A O K M N L
A A R U A I O V O L I F L C A
S P W K M D K L O A H C N I X
U Q D T W W S F A L K U P O X

Frederic W. Goudy designed 124 different typeface fonts—all drawn by hand.

CANADIAN "CLUB"

This maple-leaf shape holds still more names, places, and sports of our pals up north. (Answers on page 267)

BLUE JAYS
ICE HOCKEY
LACROSSE
MARGARET ATWOOD
MEDICINE HAT
MIKE MYERS

NOVA SCOTIA
PIERRE TRUDEAU
SEAGRAM'S
VANCOUVER
WINNIPEG

```
                Y
              N X R
            N O D K F
            Y V W M H
            G A Y R J
            F S G Y M
            C C D S I
            U O O K K
    X V G J X M G T O S E A G R A M S
  S J G E P I N N I W T M P R B H U J A
M E D I C I N E H A T C Y E K C O H E C I
  O U R E V U O C N A V E O S U T U Q G
    K W U A E D U R T E R R E I P Q U
            B R C E M S M
          E S S O R C A L U
        J P W S Y A J E U L B
                G
                R
                A
                M
```

Scrambled proverb: Sloeg af f theaodi ferck bortther. (*Birds of a feather flock together.*)

CHINA

Fact: The Chinese were the first to use toilet paper. Find that and the other 17 terms related to China in the grid below. (Answers on page 269)

BAMBOO
CANTONESE
COMPASS
CONFUCIUS
DRAGON
I CHING

JOSS
MANDARIN
MARTIAL ARTS
MATCHES
NOODLES
PAGODA

PANDA
PAPER
RICE
STIR-FRY
TAI CHI
TOILET PAPER

```
                              X
                              I  P
                           P  A  P  E  R
              F  U            A  S  E  B
        S  D  J  A         V  G  E  P  X  C
        S  A  E  R  O      Z  K  D  O  N  A  R
  U  J  A  D  R  C  N  O  G  A  R  D  O  P
     O  P  N  G  N  I  H  C  I  A  T  T  M  V
     P  M  A  N  D  A  R  I  N  N  E  Z  A  S
     Z  O  P  M  A  R  T  I  A  L  A  R  T  S  F
        C  C  O  N  F  U  C  I  U  S  W  C  O  M
                 O  O  B  M  A  B  H  J
                 T  N  O  O  D  L  E  S
                 Y  R  F  R  I  T  S
```

The number nine is considered very lucky in China, but unlucky in Japan.

TIMES SQUARE

All the terms can precede or follow
"time." (Answers on page 268)

BED	LAST
BIG	LEISURE
BORROWED	LIFE
CENTRAL	LOCAL
CRUNCH	LONG
DAY	LUNCH
DINNER	MEAL
DOWN	MILLER
DRIVING	NIGHT
FAMILY	NOON
FATHER	ON
FLEX	OVER
FULL	PLAY
GOOD	PRIME
HALF	RAG
HARD	SAVER
HOT	TABLE
JOLLY	WASTE
KEEP	WINTER
KILLING	ZONE

```
R Q A I O E C T Y F V E E H C N U R C R H
G U J A L B W Y U L Z U H P U X Z G A X D
H Y U I I Y L I M A F W D O W N Y O V E R
N U X S F E E Y L H P H G Z C Z W F S W V
G P E H E T F Z Y A U Y E X U Y R E O H K
T C D O S J I E H A R D L F C O V D J L I
G A E A E R U S I E L T S L L J E Q Q C I
N L W E G M U I T E G P N P O B R Q V R T
I R O A W P M G N W Z P E E K J Q I S H L
V O R X D R H E O F O R T L C W L L G Q Q
I M R N E I J Q K U N K Z A N T M I E R F
R V O U O M D V D L E K R S N L N N E D P
D N B R S E H D C L F E I T P N U N D L I
E V B B Q K L A C O L Q Z L H V N N D X W
M X L X D D E B P L E Z I S L I K O C I F
D S A V E R S W I V X G S W D I O U K H R
A I H C K J Y M E W I N T E R G N O O N A
Y O Z Z M X K P P Y N O F M H N J G O C J
T F A T H E R R G N G L I C M B L A E M S
X P T M R G V Q L R Z O T G H I E L B A T
O F Y W A M F R E I D H Z W E G O F C G O
```

The term "skid row" may have come from the disreputable Seattle district Skid Road.

SIGN LANGUAGE

*Signs, signs…everywhere! Circle the terms
and stay off the grass! (Answers on page 269)*

BAIT SHOP
BEWARE OF DOG
BUS STOP
CLOSED
DO NOT DISTURB
DO NOT ENTER
DO NOT TOUCH
DON'T WALK
EXIT
FOR SALE
GENIUS AT WORK
HIGH VOLTAGE
JUST MARRIED
KEEP OFF THE GRASS
KEEP OUT
NO PARKING
ONE WAY
OPEN
PICNIC AREA
REST ROOMS
SCHOOL XING
SLIPPERY WHEN WET
THIS MEANS YOU
WET PAINT
WRONG WAY
YARD SALE

Oldest known palindrome…

```
G G T H I S M E A N S Y O U A D D A T U S
E J M Z D C G Z D G Z A V V A S N B F L D
N J K A T H K Q O X O R V K W F F P X O B
I U U E U O D O N O T D I S T U R B N P U
U S S R G O Q P O S J S F C W Y V O C E S
S T M A N L D O T T B A A O X Q T C L N S
A M O C I X T H E M T L C W E T P A I N T
T A O I K I R S N D E E F X O R S S D C O
W R R N R N A T T U W I I U D R A F G X P
O R T C A G U I E G N T C D O N T W A L K
R I S I P S S A R G E H T F F O P E E K F
K E E P O U T B O I H I E A G F L O H B P
R D R O N E W A Y A W G N O R W C M X M K
                Y H
                R V
                E O
                P L
                P T
                I A
                L G
          C L O S E D N S
```

...“Sator Arepo Tenet Opera Rotas” was found among Roman graffiti from 79 A.D.

COURTESY OF "UNCLE JOHN"

How many words can you make from "Uncle John"?
(We made 32.) Two-letter words not are allowed,
but proper names are fine. (Answers on page 269)

CHUNNEL	ECHO	JOHN	NONE
CLEO	ENOCH	JOULE	NOUN
CLONE	EON	JUNE	NUN
CLUE	HEN	LONE	ONCE
CON	HOE	LUNCH	ONE
CONE	HOLE	LUNCHEON	OUCH
CONN	HONE	NEON	OUNCE
CUE	HUE	NONCE	UNCLE

```
N E E N O N D H O
E L N E J O U L E
L O O O E E H N L
C B H N L H O C C
N N O H E C U N E
U C L O C N C O C
H L E N N U H C N
J U N E O L E E O
U E O E C N U O N
```

Ancient Romans flipped the bird, calling it *digitus impudicus* ("impudent finger").

Answers

Our Throne Room, page 1

Music Makers, page 10

Games People Play, page 4

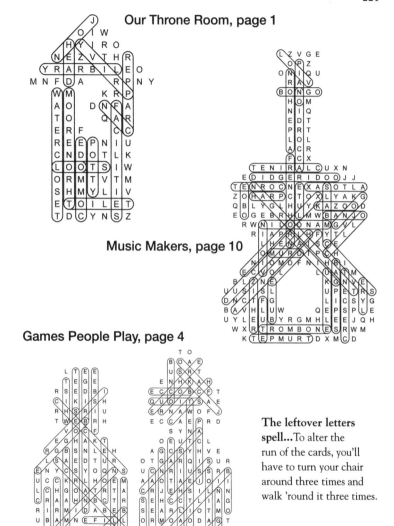

The leftover letters spell... To alter the run of the cards, you'll have to turn your chair around three times and walk 'round it three times.

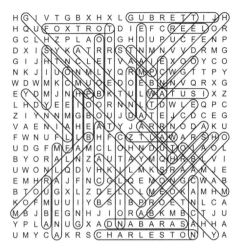

Twinkletoes, page 2

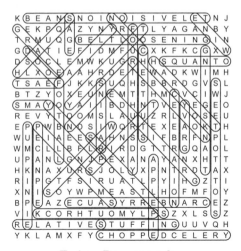

Turkey Day, page 6

223

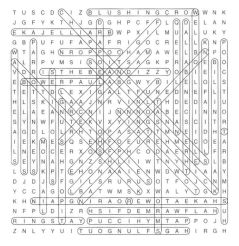

Spoonerisms, page 8

Spoonerized phrases:

A Dot in the Shark
Belly Genes
Bill in the Flank
Blushing Crow
Bowerpaul
Braille Jake
Bunny Phone
Chipping Flannels
Cop Porn
Fight a Liar
Hags Flung Out
Half-warmed Fish
Hush My Brat
Is the Bean Dizzy
Knee of an Idol
Lack of Pies
Mad Banners
Monk Jail
Nasal Hut
Noble Tons of Soil
Parrots and Keys
Pat My Hiccup
Queer Old Dean
Ring Stay
Roaring Pain
Sealing the Hick
Shake a Tower
Shoving Leopard
Space of Aides
Tasted Two Worms
Three-scene Ballad
Tip of the Slung
Town Drain
Trout Scoop
Wave the Sails
Well-boiled Icicle

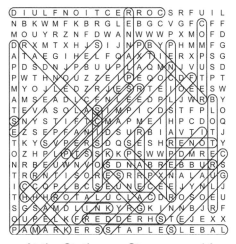

At the Stationery Store, page 14

Word Geography, page 12

The word list:

1. Ghetto
2. Babble
3. Coach
4. Blarney
5. Cologne
6. Tariff
7. Bayonet
8. Seltzer

The leftover letters spell…"The first Naugahyde was produced in Naugatuck, Connecticut, in 1937."

Greetings from Planet Earth, page 16

The leftover letters spell…
"We are happy here and you be happy there."

Australia, page 24

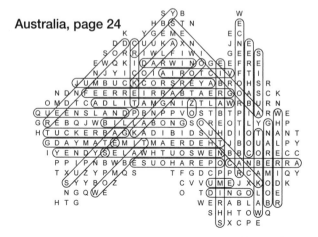

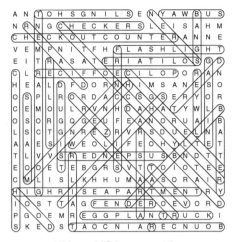

UK vs. USA, page 18

The leftover letters spell out..."An English-
man, even if he is alone, forms an orderly queue of
one." —British humorist George Mikes

UK vs. USA Word List:

Accumulator (Battery)
Aubergine (Eggplant—"aubergine"
  borrowed from the French)
Black Treacle (Molasses)
Bobby (Police Officer)
Bonnet (Hood of a car)
Braces (Suspenders)
Candy Floss (Cotton Candy)
Caravan (Trailer)
Cash Desk (Checkout Counter)
Catapult (Slingshot)
Chemist (Druggist)
Chips (French Fries)
Chucker out (Bouncer)
Cubbyhole (Glove Compartment)
Draughts (Checkers)
Fag (Cigarette)
Fascia Panel (Dashboard)
Fringe (Bangs—the hairstyle)
Hoarding (Billboard)
Hooter (Siren)

Lay-by (Rest Area)
Lift (Elevator)
Lorry (Truck)
Mackintosh (Raincoat)
Nappy (Diaper)
Nought (Zero)
Pantechnicon (Moving Van)
Patience (Solitaire)
Petrol (Gasoline)
Polka Dots (Chocolate Chips)
Push Chair (Stroller)
Solicitor (Lawyer)
Spanner (Wrench)
Sponge Bag (Shaving Kit)
Torch (Flashlight)
Tower Block (High-rise apartment)
Track (Tread)
Tube (Subway)
Verge (Shoulder of a road)
Waistcoat (Vest)
Wing (Fender)

226

The Wizard of Odds, page 20

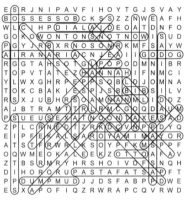

Word Row, page 22

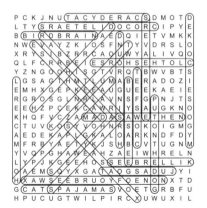

Crocodile Tears and Rabbit Ears, page 26

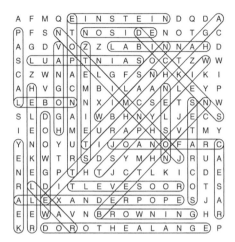

What Handicap?, page 28

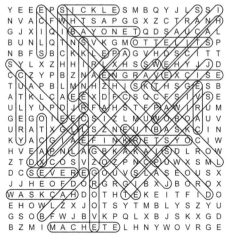

Cutting Words, page 32

228

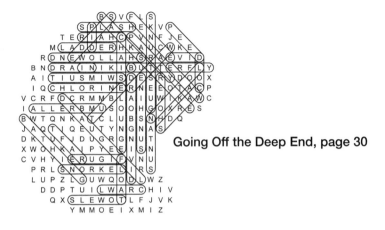

Going Off the Deep End, page 30

Auto Parts, page 34

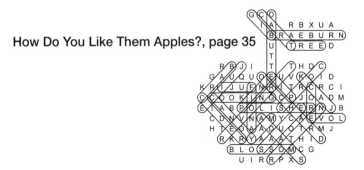

How Do You Like Them Apples?, page 35

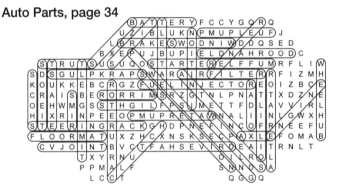

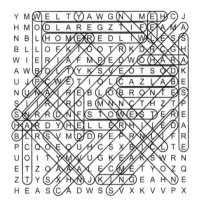

Wondrous Wordsmiths, page 36

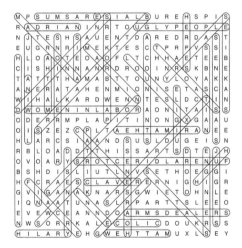

Patron Saints, page 40

The leftover letters spell…"Pure Spirit, one hundred degrees proof—that's a drink that only the most hardened contemplation-guzzlers indulge in. Bodhisattvas dilute their Nirvana with equal parts [of] love and work." —Aldous Huxley

(Huxley wrote *Brave New World* in 1932. After a life crisis in the 1940s, he moved to California and threw in his lot with the Ramakrishna Mission in Hollywood, where—so the story goes—he "found himself.")

In the Chips, page 38

The leftover letters spell... The guy who invented poker was bright, but the guy who invented the chip was a genius.

Africa, page 42

At the Movies, page 46

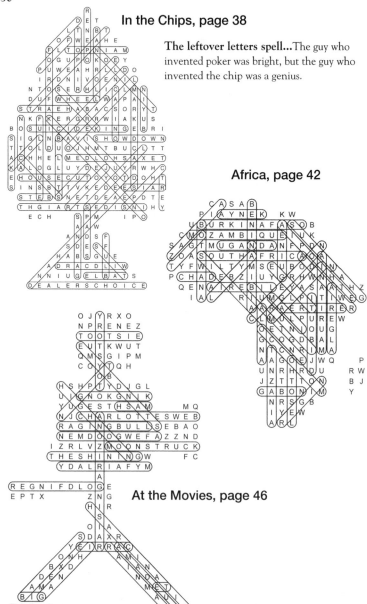

Eat Chalk and Ammunition, page 44

The leftover letters spell... Other names for coffee are "battery acid" or "paint remover."

The word list:

BEANS: Ammunition

BREAD: Gun wadding

CANNED MILK: Armored cow

COFFEE: Solvent

CRACKERS: Dog biscuits

GRAPE NUTS: Shrapnel

HASH: Mystery plate

KETCHUP: Red-eye

MAPLE SYRUP: Machine oil

MEATLOAF: Ptomaine steak

PANCAKES: Rubber patches

POWDERED MILK: Chalk

SOUP: Hot water

SPINACH: Seaweed

Worts and All, page 48

The leftover letters spell... The Puritans thought of fennel as a "meeting seed." Meeting seeds were seeds of various herbs which parishioners chewed during church meetings to stay awake.

232

Abominable Snow Job?, page 50

Bonus: Loch Ness Monster

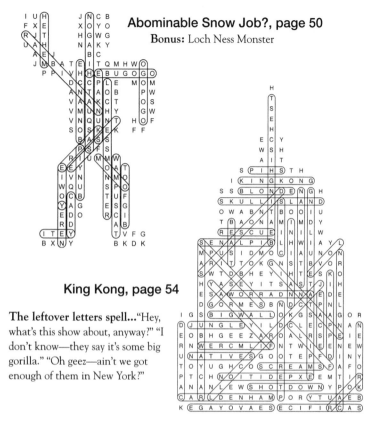

King Kong, page 54

The leftover letters spell..."Hey, what's this show about, anyway?" "I don't know—they say it's some big gorilla." "Oh geez—ain't we got enough of them in New York?"

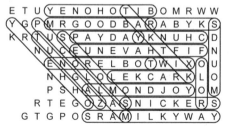

Sweet Treat, page 58

233

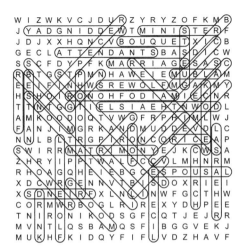

Aisle Be Seeing You, page 52

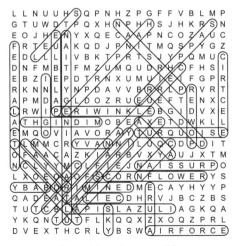

Blue Mood, page 56

234

Tap This!, page 59

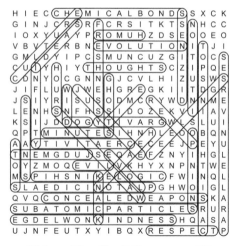

Things You Can't See, page 62

Fruit Salad, page 60

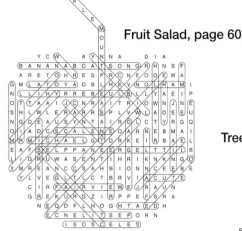

The leftover letters spell...

(7 Things Invented) by Canadians
are the snowmobile, paint roller,
plastic garbage bag, washing machine,
electric range, zipper, and foghorn.

Trees Company, page 68

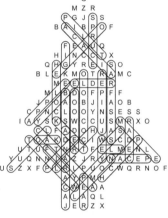

All Aboard!, page 64

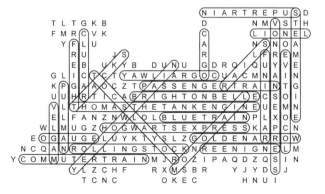

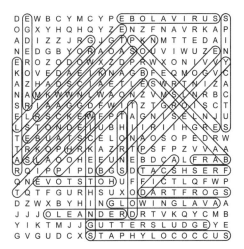

Things You Shouldn't Touch, page 66

Treasure Hunt, page 70

Small Fry, page 71

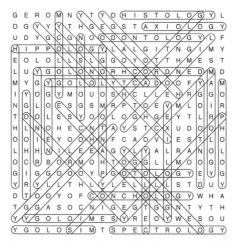

Studying Up on Your Ologies, page 74

The leftover letters spell... Gerontology—the study of aging; myology—the study of muscles; speleology—the study of caves; garbology—the study of what a society throws out.

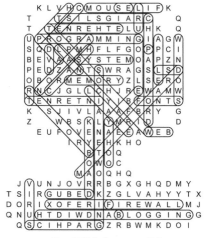

Surf This!, page 76

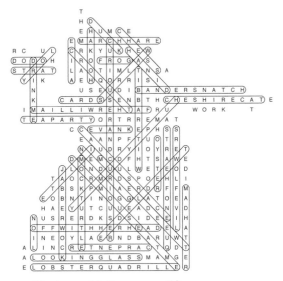

Mad as a Hatter, page 72

The leftover letters spell... The mercury hatmakers used in their work to treat cheap fur often led to poisoning that caused kidney and brain damage.

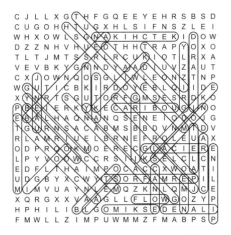

Alaskan Adventure, page 78

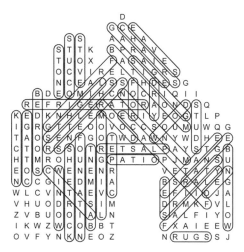

House Rules, page 80

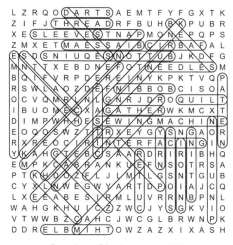

Sewing Circle, page 82

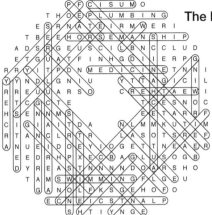

The Merit System, page 84

The leftover letters spell…Other merit badges include Fingerprinting, Nuclear Science, Mammal Study, Genealogy, and Shotgun Shooting.

Leftovers You Can't Eat, page 86

Gone Fishin', page 87

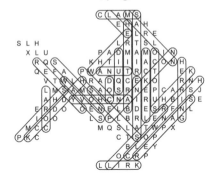

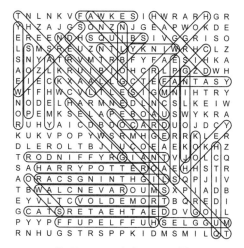

Potter-mania!, page 88

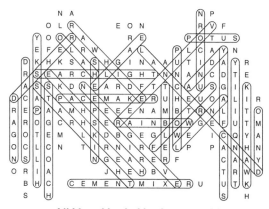

All Very Hush-Hush, page 90

The leftover letters spell... "Napoleon" for Frank Sinatra; "Cedar" for Menachem Begin; "Tripper" for Jeb Bush.

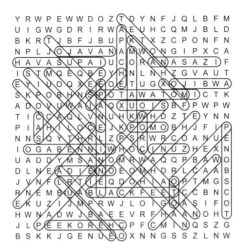

Indian Tribes, page 92

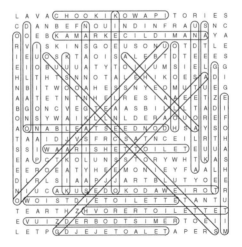

Going, Abroad, page 96

The leftover letters spell... Lavatories can be found in France by asking *"Ou sont les toilettes?"* But you might not like it when you get there since, as Billy Wilder said, "France is a country where the money falls apart but you can't tear the toilet paper."

Ireland, page 98

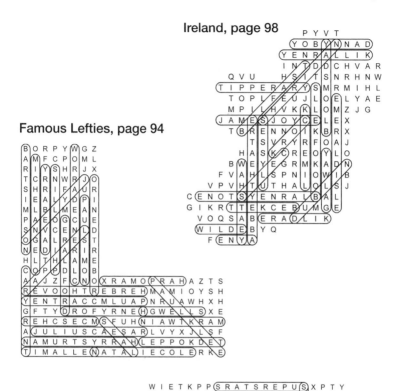

Famous Lefties, page 94

The Jet Set, page 100

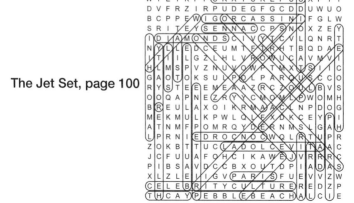

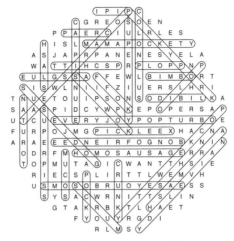

Not for Export, page 102

The leftover letters spell... "Green Piles" is a Japanese lawn fertilizer; "Shitto" is a spicy pepper sauce from Ghana; and from Taiwan, there's "Little Hussy," a writing tablet for girls.

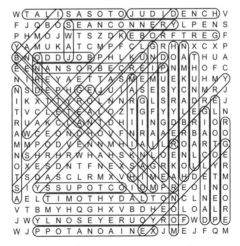

Bond, James Bond, page 104

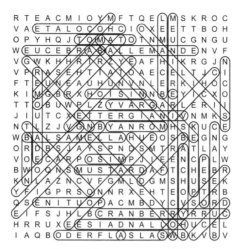

Gettin' Saucy, page 108

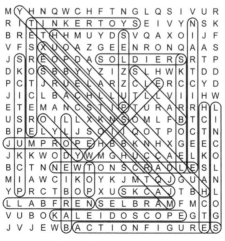

Play Time, page 110

The leftover letters spell... The word "spa" is named after Spa, Belgium, a resort town.

The word list:

1. Bungalow
2. Bible
3. Sleazy
4. Jeans
5. Suede
6. Turkey
7. Cheap
8. Coffee

More Word Geography, page 112

Crazy Eights, page 114

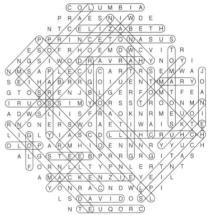

The leftover letters spell...
Presidents from Virginia are Washington, Jefferson, Madison, Monroe, William Henry Harrison, Tyler, Taylor, and Wilson.

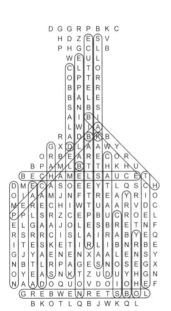

Foods Named after People, page 118

Monsters, Inc., page 106

The leftovers letters spell... They froze it and dropped it at the North Pole. Back then, no one figured on global warming.

(FYI: Gort was the robot in *The Day the Earth Stood Still*, Mike Wazowski was the one-eyed hero of *Monsters, Inc.*, and Morlocks were a subterranean race in H. G. Wells' *The Time Machine*. Those nasty worms were featured in *Dune* and *Tremors*.)

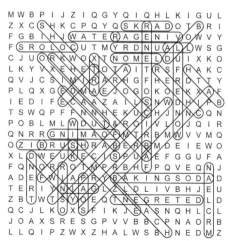

It's Time to Come Clean, page 116

248

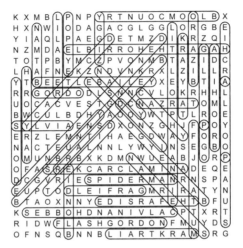

Comic Strips, page 120

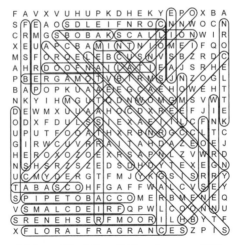

Things That Smell Good, page 124

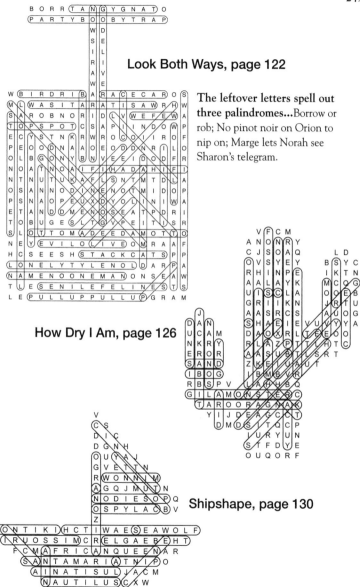

Look Both Ways, page 122

The leftover letters spell out three palindromes... Borrow or rob; No pinot noir on Orion to nip on; Marge lets Norah see Sharon's telegram.

How Dry I Am, page 126

Shipshape, page 130

250

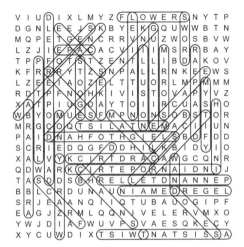

Presto!, page 128

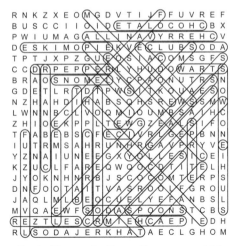

Soda Fountain Favorites, page 132

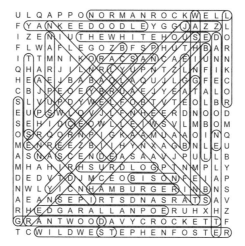

Americana, page 136

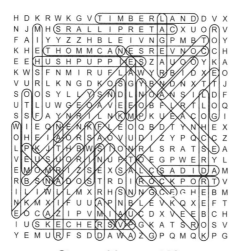

Step on It!, page 138

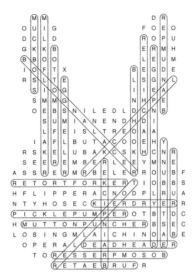

Get a Job, page 134

The leftover letters spell... Dog-Food Dough Mixer, Soiled Linen Distributor, Subassembly Assembler, Fish Flipper, and Pantyhose-Crotch-Closing Machine Operator.

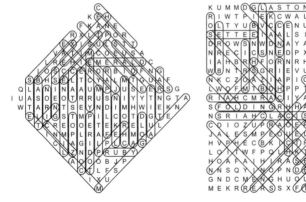

A Gem of a Puzzle, page 140

Take a Load Off!, page 142

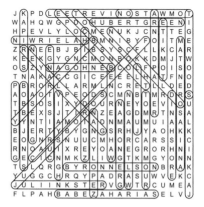

Great Golfers, page 144

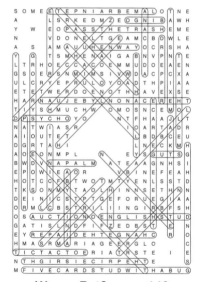

Wanna Bet?, page 146

The leftover letters spell... "Someone...asked me why women don't gamble as much as men...I gave the commonsensical reply that we don't have as much money. That was a true but incomplete answer. In fact, women's total instinct for gambling is satisfied by marriage." —Gloria Steinem

254

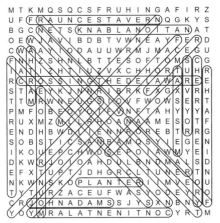

George Washington, page 148

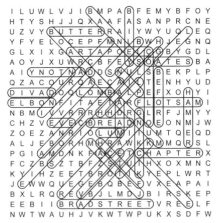

Partners, page 152

"Partners" Pairings:

Abbott & Costello
Abercrombie & Fitch
Adam & Eve
Alive & Kicking
Antony & Cleopatra
Arm & Hammer
Barnes & Noble

Barnum & Bailey
Bausch & Lomb
Bed & Board
Before & After
Birds & Bees
Bread & Butter
Cain & Abel
Chapter & Verse

David & Goliath
Dun & Bradstreet
Flotsam & Jetsam
Hall & Oates
Lum & Abner
Macaroni & Cheese
Nip & Tuck

The Wheel Thing, page 150

The leftover letters spell... "It's not the most intellectual job in the world," she confessed in 1986, "but I do have to know the letters."

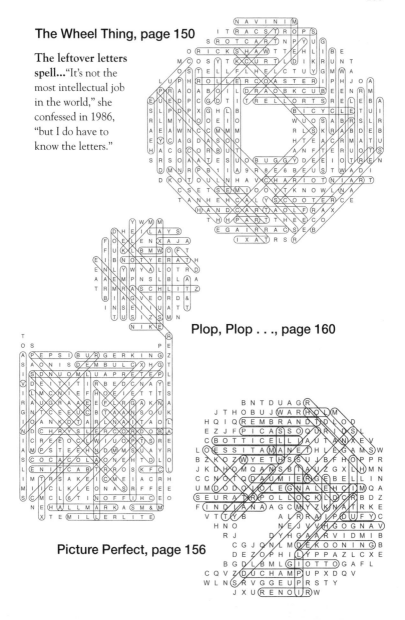

Plop, Plop . . ., page 160

Picture Perfect, page 156

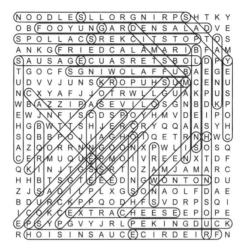

Ordering In, page 154

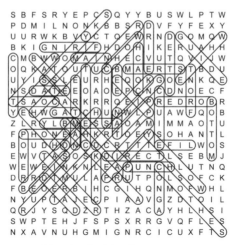

What's My Line?, page 158

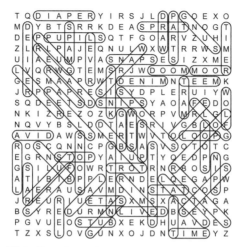

This Puzzle Is Back-Words!, page 162

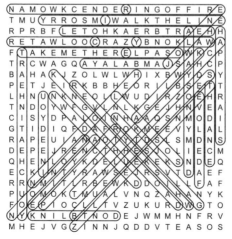

In the Country, page 166

258

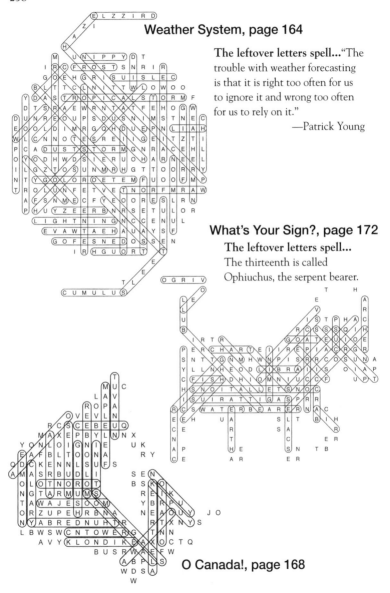

Weather System, page 164

The leftover letters spell..."The trouble with weather forecasting is that it is right too often for us to ignore it and wrong too often for us to rely on it."

—Patrick Young

What's Your Sign?, page 172

The leftover letters spell...
The thirteenth is called Ophiuchus, the serpent bearer.

O Canada!, page 168

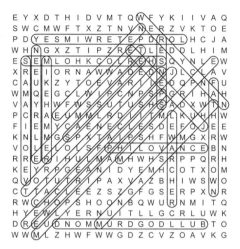

Haven't Got a Clue?, page 170

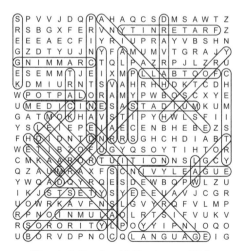

The Intellectual Life, page 174

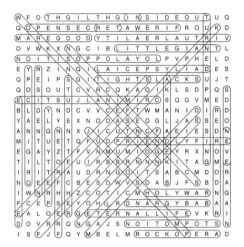

Oxymorons, page 178

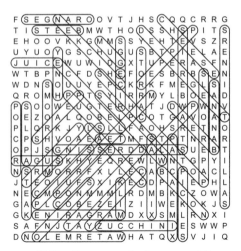

At the Supermarket, page 180

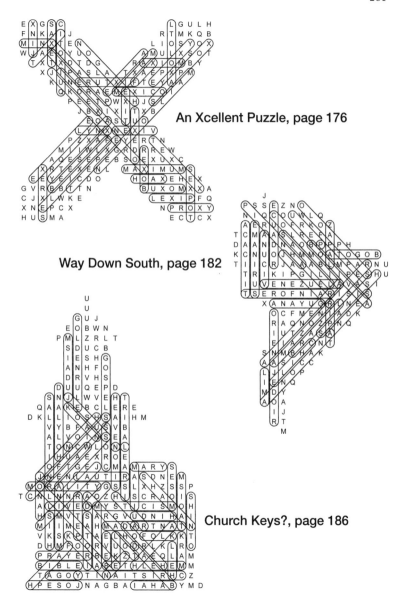

An Xcellent Puzzle, page 176

Way Down South, page 182

Church Keys?, page 186

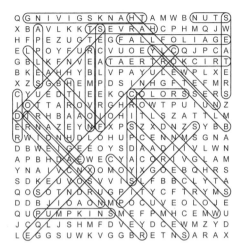

Fall-ing for You, page 184

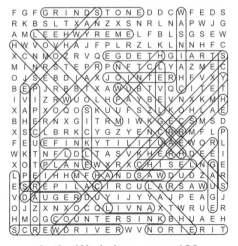

' **In the Workshop, page 188**

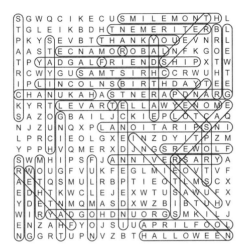

Greeting Cards, page 192

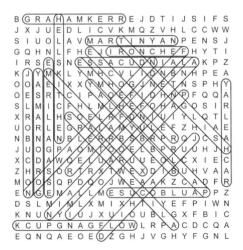

Big Names in the Kitchen, page 194

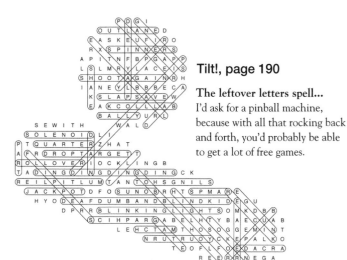

Tilt!, page 190

The leftover letters spell...
I'd ask for a pinball machine,
because with all that rocking back
and forth, you'd probably be able
to get a lot of free games.

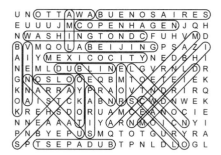

World Capitals, page 198

Tut Tut!, page 199

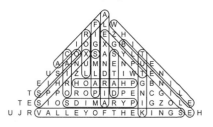

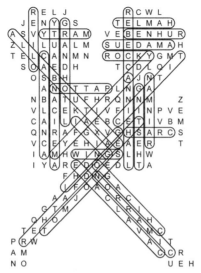

Big Pictures, page 196

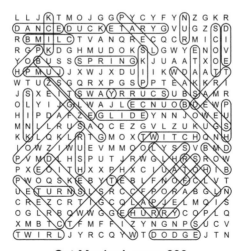

Get Moving!, page 200

266

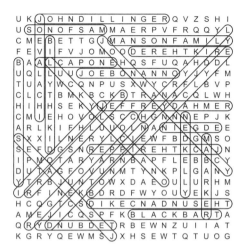

Criminal Minds, page 204

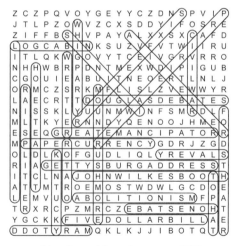

Abraham Lincoln, page 206

267

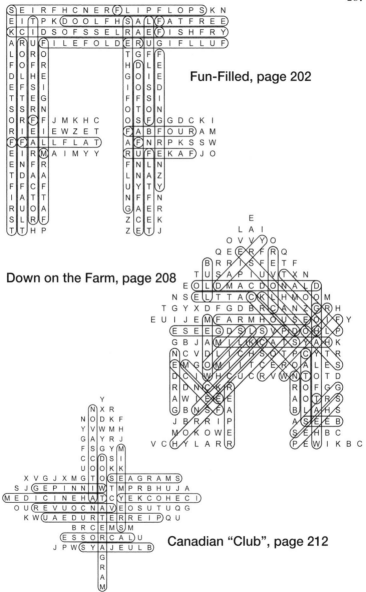

Fun-Filled, page 202

Down on the Farm, page 208

Canadian "Club", page 212

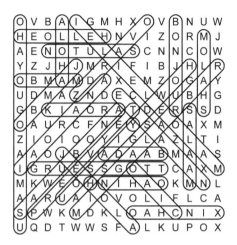

You Had Me at Hello, page 210

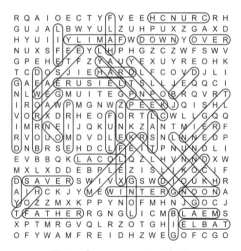

Time Square, page 214

China, page 213

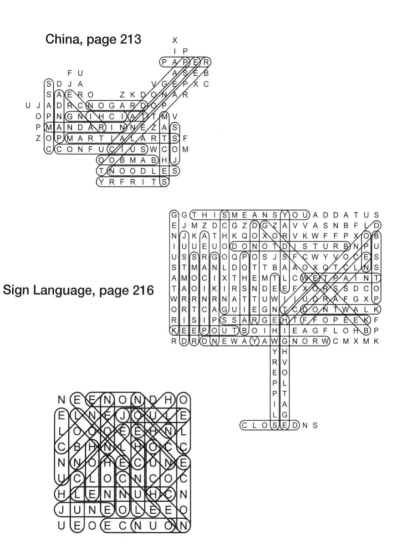

Sign Language, page 216

Courtesy of "Uncle John", page 218